Ingo Reimann

Schatz in irdenen Gefäßen

Ingo Reimann

Schatz in irdenen Gefäßen

Predigten zum Kirchenjahr in St. Johannis, Lüneburg

Fromm Verlag

Impressum/Imprint (nur für Deutschland/ only for Germany)
Bibliografische Information der Deutschen Nationalbibliothek: Die Deutsche Nationalbibliothek verzeichnet diese Publikation in der Deutschen Nationalbibliografie; detaillierte bibliografische Daten sind im Internet über http://dnb.d-nb.de abrufbar.

Coverbild: www.ingimage.com

Contact:
International Book Market Service Ltd., 17 Rue Meldrum, Beau Bassin, 1713-01 Mauritius
Website: www.bookmarketservice.com
Email: info@bookmarketservice.com

Gedruckt in: USA, UK, Deutschland. Dieses Buch wurde nicht in Mauritius produziert.

Imprint (only for USA, GB)
Bibliographic information published by the Deutsche Nationalbibliothek: The Deutsche Nationalbibliothek lists this publication in the Deutsche Nationalbibliografie; detailed bibliographic data are available in the Internet at http://dnb.d-nb.de.

Cover image: www.ingimage.com

Contact:
International Book Market Service Ltd., 17 Rue Meldrum, Beau Bassin, 1713-01 Mauritius
Website: www.bookmarketservice.com
Email: info@bookmarketservice.com

Printed in: U.S.A., U.K., Germany. This book was not produced in Mauritius.

ISBN: 978-3-8416-0297-8

„Gott, der sprach: Licht soll aus der Finsternis hervorleuchten, der hat einen hellen Schein in unsre Herzen gegeben, dass durch uns entstünde die Erleuchtung zur Erkenntnis der Herrlichkeit Gottes in dem Angesicht Jesu Christi. Wir haben aber diesen Schatz in irdenen Gefäßen, damit die überschwengliche Kraft von Gott sei und nicht von uns." 2. Korinther 4, 6-7

Inhalt

Ja und Nein

4. Advent, 18. Dezember 2011

“Gott ist mein Zeuge, dass unser Wort an euch nicht Ja und Nein zugleich ist. Denn der Sohn Gottes, Jesus Christus, der unter euch durch uns gepredigt worden ist, durch mich und Silvanus und Timotheus, der war nicht Ja und Nein, sondern es war Ja in ihm. Denn auf alle Gottesverheißungen ist in ihm das Ja; darum sprechen wir auch durch ihn das Amen, Gott zum Lobe.“ 2. Korinther 1, 18-20

Liebe Gemeinde,
in jedem menschlichen Ja steckt auch ein Nein, und sei es noch so klein. Sie können es daran erkennen, wie oft Sie „Ja, aber...“ sagen oder zumindest das Aber denken, ohne es auszusprechen. Die Frage ist, ob es denn verwerflich sei, dass Ja und Nein in uns so nahe beieinander wohnen? Das kleine Nein im großen Ja mahnt uns zu Vorsicht und Wachsamkeit.
Bei vielen Eheschließungen ist im liebevollen Ja zueinander auch ein Nein verborgen. Es kann sich in der Ahnung äußern, dass irgendetwas mit der Beziehung nicht ganz in Ordnung ist. Dies kann ein leichtes Unbehagen hervorrufen, das dann wieder verdrängt wird. Doch mit Sicherheit meldet es sich später bei passender oder auch bei unpassender Gelegenheit wieder. Glücklicherweise kann ein Nein bearbeitet, manchmal auch aufgelöst werden und dann dem Ja zu Diensten sein. Es kann aber auch ein kleines Nein mit der Zeit so stark werden, dass Beziehungen und Freundschaften zerbrechen, Ehen geschieden werden. Die Betroffenen stehen dann vor einem Trümmerhaufen und fragen sich, wo denn das ursprüngliche und sehr ernst gemeinte Ja zueinander geblieben ist. Sehr kompliziert wird es, wenn Kinder beteiligt sind und beide Partner weiterhin ein uneingeschränktes Ja zu ihren Kindern sagen. Denn das Ja zu unseren Kindern gilt lebenslang. Halt, Stopp! Handelt es sich bei diesem Ja zu unseren Kindern nicht doch um ein uneingeschränktes Ja, im Kern ohne ein Nein, ohne wenn und aber?
Wenn ich nein zu meinem Kind sage, dann sage ich nicht nein zu seiner Existenz, zu seiner Persönlichkeit, sondern nein zu dem, was es gerade tut. Es ist ein Nein, das den Wesenskern der Beziehung nicht in Frage stellt. Damit sind wir auf überraschende Weise dem Predigttext wieder sehr nahe gekommen. Paulus schreibt den Korinthern, dass der von ihm gepredigte Sohn Gottes, Jesus Christus, nicht Ja und Nein war, sondern es war nur ein deutliches Ja in ihm. Es ist ein Ja, das auf dem umfassenden Ja Gottes zu Christus beruht.

Die Liebe Gottes, des Vaters, ist im Wesenskern ungeteilt. Also kann in der Tiefe der Liebe Gottes auch nur noch ein Ja ruhen, ein Ja Gottes zu sich selbst und zu dem, was er geschaffen hat. Hätte Gott in sich selbst zwischen Ja und Nein hin und her geschwankt, dann hätte er diese Welt nicht ins Leben rufen können. Schöpferische Prozesse brauchen sowohl bei Gott als auch bei uns Menschen im Kern stets ein ungeteiltes Ja. Die Zweifel können sich dann später einstellen. Dies war ja auch bei Gott so, siehe die Geschichte mit der Sintflut. An Gottes Stelle würde ich auch bisweilen am Sinn der heutzutage real existierenden Menschheit zweifeln. „So blind kann man doch gar nicht sein", höre ich ihn manchmal in mir sagen.

Es wird uns seit Jahrzehnten von qualifizierten Propheten gesagt, was falsch läuft, aber es geschieht bei weitem nicht genug, um den Weg in eine allumfassende Katastrophe zu verhindern. Umweltzerstörung, Überbevölkerung, atomarer Wahn, das leichtfertige Spiel mit Genmanipulationen, mein Gott, wir hören doch täglich die Warnungen, aber wir hören nicht ausreichend auf sie. Ein komplettes Nein Gottes zu diesem Irrsinn hätte für mich durchaus seine Logik. Für Gott aber nicht, denn er denkt und handelt nach anderen Maßstäben. Für ihn gilt in der Tiefe seiner Existenz das Ja der Liebe zu allem, was er geschaffen hat, denn es ist untrennbar mit ihm verbunden. Weil er nun auch mit Christus in göttlicher Liebe so eng verbunden ist, können in dieser engen Bindung nicht Ja und Nein gleichberechtigt nebeneinander stehen. Im Wesenskern der Liebe gibt es nur ein Ja. Das Nein der Liebe steht außerhalb ihres Zentrums. Es hat eine pädagogische Bedeutung, so wie unser Nein, das wir aus erzieherischen Gründen zu unseren Kindern sagen. Gott würde mit sich selbst uneins werden, es würde ihn innerlich zerreißen, wenn sein Nein dieselbe Intensität hätte wie sein Ja der Liebe.

Aus diesem Grund kann Paulus auch ganz freimütig schreiben und predigen, dass in seiner Christusverkündigung das Nein keinen Raum hat. Paulus konnte sehr ausdrucksstark nein zu seinen Gegnern sagen. Er war ein streitbarer Mensch. Dies konnte er gerade deswegen sein, weil er in seinem Herzen das uneingeschränkte Ja Gottes durch seine Christus-Begegnung in der überwältigenden Lichtvision vor Damaskus empfangen hatte. Sonst hätte es Paulus innerlich zerrissen, nachdem er vom Christenverfolger zum bedeutendsten Missionar in der damaligen Völkerwelt geworden war. Paulus hatte seinen von Kindheit an vertrauten jüdischen Glauben um das Ja Gottes zur Völkerwelt in der Hingabe Jesu Christi erweitern müssen. Das war theologische, geistige, geistliche und seelische Schwerarbeit für ihn gewesen. Seine Briefe zeugen an vielen Stellen davon. So macht Paulus uns bis heute Mut, dem uneingeschränkten Ja der Liebe Gottes zu uns ein tiefes Vertrauen zu schenken, komme was wolle.

Aus diesem Vertrauen heraus konnte auch Martin Luther sagen, dass er heute noch ein Apfelbäumchen pflanzen würde, selbst wenn morgen die Welt unterginge. Die Welt und das Leben in ihr waren und sind stets vom Untergang bedroht, wodurch auch immer. Heute haben wir selbst die Bedrohung noch gesteigert durch unser eigenes Vernichtungspotential. Doch selbst wenn wir Menschen friedlich blieben, könnte uns jederzeit eine große kosmische Katastrophe ins Haus stehen.

Die Endzeit-Reden Jesu in den Evangelien sprechen davon, dass die Kräfte des Himmels ins Wanken geraten werden. Doch am Ende wird der geheimnisvolle Menschensohn am Himmel erscheinen, in dem wir Jesus Christus erkennen dürfen. Er wird uns mit seiner Liebe das uneingeschränkte Ja Gottes bringen. Das Weltgericht wird nur das Nein Gottes zum verdorbenen Guten in der Menschheit sein. Jedes Übel muss beendet, das Böse vernichtet werden, damit unser eigentliches Wesen zum Vorschein kommen kann. Ganz am Ende sind auch wir nur noch Liebe, weil Gott die Liebe ist und weil er jeden von uns aus dieser unendlichen Liebe heraus ins Leben gerufen hat. Ebenso haben wir unsere Kinder in der Regel mit unbegrenzter und uneingeschränkter Liebe auf dieser Welt und in unserem Leben empfangen und werden sie ihr Leben lang begleiten. Paulus geht es darum, diese Liebe zum Leuchten zu bringen. Alles andere wird sich dann wie von selbst aus der Erleuchtung der Liebe ergeben.

„Lobt den Herrn, unter uns erblüht sein Stern. Er will uns zu Hilfe kommen, und er ist uns täglich nah; er kommt nicht nur zu den Frommen, er ist für uns alle da." (EG 538,1) Gott kann gar nicht anders als für alle und für alles dazusein. Das gebietet ihm seine Liebe, sein Ja zu sich selbst. Wer Gott für sich vereinnahmt und andere von dieser Liebe ausschließen will, hat das wahre Wesen Gottes noch nicht erkannt. „Er hat allen Glanz verlassen, der ihn von den Menschen trennt." (EG 538,2) Er begibt sich in unsere Welt des Ja und des Nein, auch des Neins, das kein erbarmendes Ja mehr kennt, wie es in Diktaturen stets aufs neue vorgeführt wird. „Er geht jetzt durch unsre Straßen", oft still und unerkannt. Denn „er hat seine Menschen gern" (EG 538,3), und zwar alle, ganz uneingeschränkt. Haltet deswegen all eure Sinne offen! Entdeckt auch noch in jedem unversöhnlichen und unerbittlichen Nein wieder eine Möglichkeit zu einem versöhnlichen und liebevollen Ja! Denn Gott hat uns versöhnt mit sich selber durch sein uneingeschränktes Ja zu uns. Es ist das große Ja des Anfangs, das immer wieder durch die Wolken unserer kleinen und großen Neins hindurchscheint. Amen

Die Gemeinde singt „Lobt den Herrn, unter uns erblüht sein Stern" (EG 538, 1-3)

„Wie soll ich dich empfangen?“

Christmette, 24. Dezember 2011

Liebe Gemeinde,

„Wie soll ich dich empfangen?“ (EG 11) ist in den vergangenen Wochen zu meinem Adventslied 2011 geworden. Wie soll ich Gott in meinem Leben empfangen? Diese Frage setzt voraus, dass ich ihn überhaupt empfangen möchte. Viele Menschen scheinen heute in Bezug auf Gott Empfängnisverhütung zu betreiben. Sie hat in der Annahme ihren Ursprung, dass es überhaupt keinen Gott gibt. Die Wirklichkeit dieser Welt ist für viele Menschen alles. Es gibt für sie nichts, was darüber hinaus reicht. Demzufolge ist auch mit dem Tod alles aus, das Sterben ist ein Verlöschen ins Nichts hinein. Die Frage „Wie soll ich dich, mein Gott, empfangen?“ geht dann natürlich ins Leere. Diese fraglos angenommene Leere lässt mich innerlich frieren. Ich glaube auch nicht, dass ein Mensch diese Leere in letzter Konsequenz dauerhaft ertragen kann. Stattdessen muss sie mit etwas anderem ausgefüllt werden. Dabei halte ich die spürbare Gegenwart Gottes mitten in der Leere und Fragwürdigkeit unseres Daseins für das wunderbarste Geschenk, das Gott uns machen möchte. Wir müssen dafür nur empfangsbereit sein.

Auch Paul Gerhardt – er hat das Adventslied „Wie soll ich dich empfangen?“ 1653 geschrieben – war klar, dass wir Gott nicht aus eigener Kraft in unser Leben hineinziehen können. Der Empfang neuen Lebens bleibt ein Geheimnis der Schöpfung, wie auch der Einzug göttlicher Gegenwart in unsere Seele. Viele Menschen, die grundsätzlich empfangsbereit für Gott sind, verkrampfen sich wohl auch zu sehr. Sie sind festgelegt auf ihre eigene Vorstellungswelt. Oft müssen wir unseren Erwartungshorizont erweitern, wenn wir Gott empfangen möchten. Dazu ist es notwendig, sich von festgefügten Gottesbildern zu befreien. Sagte nicht Gott selbst: „Du sollst dir kein Bildnis noch irgendein Gleichnis machen?“ (2.Mose 20,4) Starre Gottesbilder verhindern lebendige Gottesbegegnungen. Die Antwort der Theologin Dorothee Sölle auf die ihr oft gestellte Frage, welches Gottesbild sie habe, war: „Mal dies, mal jenes. Vater oder Mutter oder Morgenglanz der Ewigkeit oder d-moll-Klavierkonzert. Kommt drauf an, wo ich Gott treffe.“ [1] Dem möchte ich hinzufügen: „Kommt darauf an, wo mich Gott gerade trifft.“ Wenn Gott trifft, dann hat er zuvor auf unsere Mitte gezielt. Diese Mitte sitzt tief in uns und wir spüren, wenn wir in unserer Mitte getroffen und angerührt werden.

---

[1] Dorothee Sölle, Den Himmel erden. Eine ökofeministische Annäherung an die Bibel, dtv, München 1996

Das geschieht nicht nur im religiös geprägten Umfeld in einer Kirche, bei einem Gottesdienst, in einer Andacht, bei einem Gebet oder beim Hören von anrührender Kirchenmusik. Es kann überall geschehen. Gottes Wirken und sein Kommen zu uns sind nicht auf die religiöse Erscheinungs- und Vorstellungswelt beschränkt. Dies möchte uns die Weihnachtsgeschichte einprägen mit der Geburt im Stall und den Hirten auf dem Felde. Gottes Erscheinen kommt aus der Weite des Kosmos und führt uns ins Weite hinein. Dies geschieht oft auf noch ungebahnten Wegen, durch bisher nicht gedachte Gedanken und noch gar nicht in unser Blickfeld geratene Vorstellungen. Wir haben uns schon so sehr an die wunderbare Empfängnis Jesu und an das Bild seiner Geburt im Stall gewöhnt. Wir haben sie domestiziert, in unsere warmen Stuben integriert, so dass wir meinen, gar nicht mehr ins Freie und Ungebahnte hinaus zu müssen. Weit gefehlt, Gott wohnt nicht nur in weihnachtlicher Behaglichkeit, sondern oft weit, weit draußen. Dort möchte er dann auch empfangen werden, in Einsamkeit und Stille.

„Wenn das Meer all seine Kräfte anstrengt, so kann es das Bild des Himmels gerade nicht spiegeln; auch nur die mindeste Bewegung, so spiegelt es den Himmel nicht rein; doch wenn es still wird und tief, senkt sich das Bild des Himmels in sein Nichts“ [2], meditierte der tiefsinnige dänische Philosoph Sören Kierkegaard. Wenn es in uns still wird und tief, wir alle Anspannung loslassen, kann es geschehen, dass ein Hauch der Gegenwart Gottes uns berührt. Dann ist unsere Seele wie eine Krippe, in der für eine Weile das Christkind ruht. Diese tiefe Erfahrung wünsche ich Ihnen heute Nacht oder in den kommenden Tagen, vielleicht auch weit draußen, möglicherweise fern aller religiös geprägten Veranstaltungen und Räume. Fragen Sie dann bitte nicht voller Zweifel: „War das auch eine wirkliche Gotteserfahrung?“ Es gibt keine andere Instanz als Sie selbst, die darüber entscheidet. Denn nur so kann der große und unfassbare Gott zu Ihrem persönlichen Gott werden, durch Offenheit und immer neue wunderbare, bisweilen auch rätselhafte Begegnungen.

„Wie soll ich dich empfangen?“ Zum Empfang Gottes in der Seele gehört eine Offenheit gegenüber dem Leben in seinen vielfältigen Formen und gegenüber Menschen mit ihren vielen Facetten und Eigenheiten. Gott kommt zu uns, wenn wir uns dem Wunder des Lebens öffnen und daran beständig wachsen, auch durch Wachstumskrisen und Störungen hindurch. Schauen Sie sich einmal Bäume genau an! Ihre Stämme und Äste zeugen von vielen überstandenen Krisen, die ihr Wachstum beeinflusst und verändert haben. Dennoch hat kein Baum, solange er lebt, jemals damit aufgehört, sich zum Himmel hin auszurichten.

---

[2] Der Andere Advent 2011/12, Di 20. 12., Andere Zeiten e.V., Hamburg 2011

Diese Weisheit der Bäume sollten wir uns zu eigen machen: „Verwurzelt euch in eurem Leben und streckt euch gleichzeitig aus in Richtung Himmel, so werdet ihr vor brüchiger Diesseitigkeit und dürrer Glaubensarmut bewahrt bleiben." Die Weisheit der Bäume möchte ich erweitern: „Bewahrt mit Fleiß die Zusage Gottes in euren Herzen, dass er zu euch kommen wird, wenn ihr für ihn empfangsbereit seid. Bleibt offen für das Wunder seiner Gegenwart in ihren unendlich vielen Erscheinungsformen. Werdet nicht seelisch eng, sondern wachst an eurer eigenen Offenheit für das Leben und für Gott, seinen Schöpfer. Haltet daran fest, dass die sichtbare Welt längst nicht alles ist. Es gibt darüber hinaus ein anderes Leben. Jesus nannte es das Reich Gottes."

Das Weihnachtsoratorium von Johann Sebastian Bach empfiehlt, den Glauben an Jesus, den Boten dieses Gottesreiches, mit Fleiß zu bewahren. Dieser Glaube zielt auf ein Schweben, voller Freud, ohne Zeit, auch ohne Leid, dort im *andern* Leben. Wer dafür empfangsbereit ist, dem wird auch hier, in *diesem* Leben, dann und wann sein, als ob er schwebe, voller Freud - und das nicht nur zur Weihnachtszeit. Amen

Die Kantorei singt aus dem Weihnachtsoratorium: „Ich will dich mit Fleiß bewahren"

„Meine Kraft ist in den Schwachen mächtig"

1. Januar 2012

„Gerühmt muss werden; wenn es auch nichts nützt, so will ich doch kommen auf die Erscheinungen und Offenbarungen des Herrn. Ich kenne einen Menschen in Christus; vor vierzehn Jahren – ist er im Leib gewesen? ich weiß es nicht; oder ist er außer dem Leib gewesen? ich weiß es auch nicht; Gott weiß es -, da wurde derselbe entrückt bis in den dritten Himmel. Und ich kenne denselben Menschen – ob er im Leib oder außer dem Leib gewesen ist, weiß ich nicht; Gott weiß es -, der wurde entrückt in das Paradies und hörte unaussprechliche Worte, die kein Mensch sagen kann. Für denselben will ich mich rühmen; für mich selber aber will ich mich nicht rühmen, außer meiner Schwachheit. Und wenn ich mich rühmen wollte, wäre ich nicht töricht; denn ich würde die Wahrheit sagen. Ich enthalte mich aber dessen, damit nicht jemand mich höher achte, als er an mir sieht oder von mir hört.

Und damit ich mich wegen der hohen Offenbarungen nicht überhebe, ist mir gegeben ein Pfahl ins Fleisch, nämlich des Satans Engel, der mich mit Fäusten schlagen soll, damit ich mich nicht überhebe.
Seinetwegen habe ich dreimal zum Herrn gefleht, dass er von mir weiche. Und er hat zu mir gesagt: Lass dir an meiner Gnade genügen; denn meine Kraft ist in den Schwachen mächtig. Darum will ich mich am allerliebsten rühmen meiner Schwachheit, damit die Kraft Christi bei mir wohne. Darum bin ich guten Mutes in Schwachheit, in Misshandlungen, in Nöten, in Verfolgungen und Ängsten, um Christi willen; denn wenn ich schwach bin, so bin ich stark." 2. Korinther 12, 1-10

Liebe Gemeinde,
wäre es nicht schön, wenn wir in jedem Gottesdienst in das Paradies entrückt werden könnten? Dort würden wir unaussprechliche Worte und noch niemals gehörte Melodien vernehmen. Gestärkt würden wir wieder in unseren Alltag zurückkehren. Die Gottesdienste wären dann immer sehr gut besucht, weil man nur im Gottesdienst diese himmlische Erfahrung machen könnte.
Vorgestern Abend haben wir in St. Johannis die 9. Symphonie von Ludwig van Beethoven gehört. Das Benefizkonzert für Japan war überraschend gut besucht. „Freude schöner Götterfunken" haben Chor und Solisten gesungen und der Funke ist übergesprungen. Die vielen hohen Töne bildeten einen Funkenflug, der in den Himmel aufstieg. „Brüder, überm Sternenzelt muss ein lieber Vater wohnen." Beethoven scheint die Töne in diese wunderbare Welt über dem Sternenzelt hinauf fliegen lassen zu wollen.
Ich hatte den Eindruck, dass Beethoven noch gerne weiter an dieser Schraube in Richtung Himmel gedreht und komponiert hätte, wenn die Instrumente und der Gesang es hergegeben hätten. Aber es sind doch auch einem so begnadeten Komponisten relativ enge menschliche Grenzen gesetzt. Schiller, dessen „Ode an die Freude" Beethoven so erfolgreich vertont hatte, kam trotz der „Freude schöner Götterfunken" nicht ohne diese Zeilen aus: „Festen Mut in schwerem Leiden, Hülfe, wo die Unschuld weint, Ewigkeit geschwornen Eiden, Wahrheit gegen Freund und Feind." [1]
So holt auch der Apostel Paulus uns heute wieder auf den Boden zurück. Für einen Gläubigen, der himmlische Erfahrungen gemacht hat, will er sich rühmen, nicht aber für sich selbst und seinen Glauben. Paulus rühmt sich seiner *Schwachheit*, nicht der „Freude schöner Götterfunken".

---

[1] http://de.wikisource.org/wiki/An_die_Freude_(Schiller)
abgerufen am 22.2. 2012

Denn die sind leider immer wieder schnell verstoben, so wie die Feuerwerke der vergangenen Nacht. Heute davon übrig geblieben ist viel Dreck auf unseren Straßen und Plätzen. Ein Blick darauf kann schnell ernüchtern, ebenso wie das Geschehen auf der Bühne der aktuellen Weltpolitik.

Nein, wir leben weiß Gott nicht im Himmel und schon gar nicht im Paradies. Ein Glaube, der sich mit der Wirklichkeit dieser Welt auseinandersetzt, kann nicht so schnell abheben und das Weltgeschehen einfach hinter sich lassen. Seine dunkle Seite hat Jesus sein Leben auf Erden gekostet, vernichtet auch heute noch jeden Tag gewaltsam Leben auf Erden. Das ist schwere Kost zu Beginn eines neuen Jahres.

„Das Segel ist die Liebe, der Heilig Geist der Mast“ (EG 8) haben wir in der Adventszeit gesungen. Aber der Rumpf dieses heiligen Schiffes ist gefertigt aus Planken der Not und des Elends dieser Welt. Paulus hatte „hohe Offenbarungen“. Seine Begegnung mit dem auferstandenen Christus im himmlischen Licht vor Damaskus hatte sein Leben von Grund auf verändert. Auch nach diesem großen Bekehrungserlebnis hatte er außergewöhnliche Begegnungen mit Christus, dem Herrn der Kirche und dem Grund seines Glaubens. Darüber hat Paulus nur wenig geschrieben, aber es scheint immer wieder durch die Zeilen seiner Briefe hindurch. Christus-Erfahrungen können himmlisches Licht in irdischer Dunkelheit aufleuchten lassen. Sie spenden Trost und Kraft in aussichtsloser Lage und weisen neue Wege, die aus Sackgassen heraus und von Irrwegen weg führen. Diese geheimnisvollen Licht- und Leucht-Erfahrungen des Glaubens, sie sind schwer in Worte zu fassen, leben immer vom Kontrast zwischen zwei oder mehreren sich aneinander reibenden Wirklichkeiten. Sie bewahren uns davor, abzuheben und in himmlische Sphären zu entschweben, weil Gott uns die Erdenschwere in diesem Leben niemals ganz abnimmt. Wer das annimmt oder leichtfertig anderen verspricht, irrt sich. Paulus hat immer wieder leidvolle Erfahrungen machen müssen. Deswegen schreibt er: „Damit ich mich wegen der hohen Offenbarungen nicht überhebe, ist mir gegeben ein Pfahl ins Fleisch, nämlich des Satans Engel, der mich mit Fäusten schlagen soll, damit ich mich nicht überhebe.“ Dieser Pfahl im Fleisch mag eine schwere, schmerzhafte Krankheit gewesen sein, eventuell Epilepsie, oder seine beständige Anfeindung und Infragestellung durch Gegner. Für Paulus war dieser sehr schmerzhafte Bruch und Riss in seiner Existenz, den er mit „Pfahl im Fleisch“ beschreibt, leidvolle Wirklichkeit, was auch immer es gewesen ist.

Wo sitzt *Ihr* „Pfahl im Fleisch"? Spüren Sie ihn als körperliches Leiden, als seelischen Schmerz, als Altlast mit beständigem Druck auf Ihrer Seele? „Unter jedem Dach ein Ach“ heißt es und „Jeder habe sein Kreuz zu tragen“. Diese Kreuze durchkreuzen unser Leben und unsere Pläne immer wieder. Sie lassen sich auch nicht einfach abschütteln.

Paulus hatte dreimal zum Herrn gefleht, dass der dunkle Engel des Satans von ihm weichen möge, und er ist nicht ohne Antwort geblieben. Diese Antwort fiel nur nicht so aus, wie er sich das erhofft hatte, nämlich: „Ja, ich ziehe dir diesen Pfahl im Fleisch heraus, sei nun endgültig frei davon!"

Auch Jesus hatte im Garten Gethsemane zu Gott gefleht, dass er ihm den Leidenskelch ersparen möge. Gott hatte ihn daraufhin scheinbar nicht erhört. Nein, er hatte ihn nicht *erhört,* weil er vorhatte, ihn zu *erhöhen!* Der Weg zu dieser herrlichen Erhöhung führte Jesus durch das dunkle Tal des Leidens und des Todes hindurch, aber eben *hindurch und weiter* zum ewigen Licht der Herrlichkeit Gottes. Dort liegt auch für uns das Samenkorn unzerstörbarer Hoffnung. In diesem himmlischen Licht entspringen die Funken, die unsere Seele und diese Welt geheimnisvoll und wunderbar berühren, erwärmen und erleuchten. Ein solcher Funke war für Paulus die Antwort seines Herrn auf sein dreimaliges Flehen hin gewesen: „ Lass dir an meiner Gnade genügen; denn meine Kraft ist in den Schwachen mächtig!" Jesus hat nicht gesagt „Meine Kraft ist in den Schwachen *schwach,* sondern in den Schwachen *mächtig!"* Es ist eine erfahrbare, sehr wohl spürbare Stärke. Sie wird denen geschenkt, die sich ihrer Schwäche bewusst sind, sie nicht überspielen oder verdrängen. Wer seine größten Schwächen vor Gott im Gebet schonungslos offen legt, kann wunderbare Erfahrungen mit himmlischer Stärke machen.

Paulus konnte deswegen festhalten, dass er guten Mutes ist, guten Mutes mitten in Schwachheit, in Misshandlungen, in Nöten, in Verfolgungen und Ängsten um Christi willen. Das ist später auch die Erfahrung aller christlichen Märtyrer gewesen, die für ihren Glauben an Christus gelitten haben und sogar für ihn in den Tod gegangen sind. Die Stärke Christi ist gegenwärtig, aber sie offenbart ihre tiefste und größte Kraft in menschlicher Ohnmacht und Schwäche. Warum tut sie dies? Damit wir menschlich bleiben, gemeinsam unterwegs mit einer leidenden Schöpfung, die seufzt und sich täglich nach ihrer Erlösung sehnt, unterwegs mit Christus, der gesagt hat: „Kommt her zu mir, alle, die ihr mühselig und beladen seid; ich will euch erquicken." (Matthäus 11,28)

Liebe Gemeinde, so lasst Euch an seiner Gnade genügen! Denn seine Kraft ist in den Schwachen und auch in Eurer größten Schwäche mächtig und wirksam. Vertraut darauf, bleibt diesem Vertrauen in Eurem Glauben treu, bis sich eines Tages die Pforten des Paradieses wieder öffnen. Dort werdet ihr Euch mit unaussprechlicher Freude versammeln. Ihr werdet Euch an einem Feuer wärmen, in dem die Pfähle verbrennen, die im Fleisch Eurer Existenz und im Dasein dieser Welt gesteckt haben. Amen

Gesucht und gefunden

2. Sonntag nach dem Christfest, 2. Januar 2011

„Jesus wollte nach Galiläa gehen und findet Philippus und spricht zu ihm: Folge mir nach! Philippus aber war aus Betsaida, der Stadt des Andreas und Petrus. Philippus findet Nathanael und spricht zu ihm: Wir haben den gefunden, von dem Mose im Gesetz und die Propheten geschrieben haben, Jesus, Josefs Sohn, aus Nazareth. Und Nathanael sprach zu ihm: Was kann aus Nazareth Gutes kommen! Philippus spricht zu ihm: Komm und sieh es! Jesus sah Nathanael kommen und sagt von ihm: Siehe, ein rechter Israelit, in dem kein Falsch ist. Nathanael spricht zu ihm: Woher kennst du mich? Jesus antwortete und sprach zu ihm: Bevor Philippus dich rief, als du unter dem Feigenbaum warst, sah ich dich. Nathanael antwortete ihm: Rabbi, du bist Gottes Sohn, du bist der König von Israel! Jesus antwortete und sprach zu ihm: Du glaubst, weil ich dir gesagt habe, dass ich dich gesehen habe unter dem Feigenbaum. Du wirst noch Größeres als das sehen. Und er spricht zu ihm: Wahrlich, wahrlich, ich sage euch: Ihr werdet den Himmel offen sehen und die Engel Gottes hinauf- und herabfahren über dem Menschensohn." Johannes 1, 43-51

Liebe Gemeinde,
die Evangelien verweilen nicht lange bei Kindheit und Jugend Jesu. Sie beschreiben in erster Linie die kurze, aber sehr intensive Zeit seines öffentlichen Wirkens. Das Johannesevangelium meditiert im ersten Kapitel, dass das Wort Gottes in Jesus Menschengestalt angenommen hat. Johannes der Täufer gibt Auskunft über seine Bedeutung als Wegbereiter Jesu: „Ich taufe mit Wasser; aber er ist mitten unter euch getreten, den ihr nicht kennt." (Joh. 1,26) „Aber ihr sollt ihn jetzt kennen lernen!", könnte man hinzufügen. Es folgt der zweifache Hinweis von Johannes auf Jesus: „Siehe, das ist Gottes Lamm!" (Joh. 1,29+36) Unmittelbar im Anschluss daran beginnt Jesus, Männer in seine Nachfolge zu rufen. Es ist ein atemberaubendes Kapitel, in dem deutlich wird, dass sich Jesus einerseits *unmittelbar* Menschen offenbaren kann, sich ihnen andererseits *auf verschlungenen Pfaden* nähert.

Bis heute ist dies so geblieben. Es gibt Menschen, die finden relativ schnell einen unmittelbaren Zugang zum Glauben an Jesus. Andere suchen, fragen, zweifeln, nähern sich dem Glauben an, entfernen sich wieder. Sie bleiben lange, manche ihr Leben lang, in diesem Wechselspiel von Annäherung und Entfernung von Jesus, dem Christus, dem Lamm Gottes, das der Welt Sünde trägt. Zwei Jünger Johannes des Täufers hören Jesus reden und schließen sich ihm sofort an.

Einer von den beiden mit Namen Andreas ist der Bruder des Simon Petrus. Petrus war ein Mensch mit Anlaufschwierigkeiten. Sein Bruder berichtet ihm, dass sie den Messias, den Christus gefunden haben und führt ihn zu Jesus. Jesus sagt Petrus auf den Kopf zu: „Du bist Simon, der Sohn des Johannes, du sollst Kephas heißen, das heißt übersetzt: Fels." (Joh. 1,42) Ich bin mir sicher, dass Petrus im Moment der ersten Begegnung mit Jesus die Tragweite seiner Äußerung, dass er ein Fels sein werde, nicht verstanden hat. Können Sie sich noch daran erinnern, wie Sie dem Namen Jesu und dem Glauben an ihn erstmals begegnet sind? Könnten Sie Ihren Glaubensweg nachzeichnen? Gehörten Sie damals zu denen, die sofort überzeugt waren oder brauchten auch Sie längere Zeit für die ersten Schritte auf dem Weg Ihres Glaubens? Kennen Sie das Gefühl, dass Jesus Ihnen persönlich etwas zusagt oder gehören Sie zu denen, die lieber etwas distanzierter mit der Gegenwart Jesu umgehen? Wie dem auch sei, Sie finden sich bei den ersten Nachfolgern Jesu in bester Gesellschaft, ob Sie nun schnell zu überzeugen und zu gewinnen sind oder ob Sie zu den eher Zögerlichen gehören.

Auf seinem Weg nach Galiläa – wir befinden uns immer noch im ersten Kapitel des Johannesevangeliums – findet Jesus Philippus und spricht zu ihm: „Folge mir nach!" Philippus offenbart sich als sozialer Typ. Er möchte sofort Freunde in seine neue Glaubenswelt einbeziehen. Diese Menschen können einem manchmal ganz schön auf die Nerven gehen. Philippus eilt zu Nathanael und überfällt ihn mit seiner neuen Erkenntnis: „Du, Nathanael, wir haben den gefunden, von dem Mose im Gesetz und die Propheten geschrieben haben: Jesus, Josefs Sohn, aus Nazareth." Das Lauffeuer des neuen Glaubens stößt bei Nathanael jedoch das erste Mal auf eine Brandmauer: „Was kann schon aus Nazareth Gutes kommen, aus diesem Nest in der Provinz?" Nathanael ist ein Skeptiker. Er kennt sich aus in den Heiligen Schriften und der religiösen Tradition seines Volkes Israel.

Gläubige, die sich gut auskennen, neigen zu Skepsis und sie wissen vieles besser, damals wie heute. Doch der begeisterte Philippus lässt mit seiner Kinderseele des Glaubens nicht locker. „Komm, und sieh!", sagt er zu Nathanael. „Sieh hin, höre zu und überzeuge dich selbst!" Nathanael hat sich Gott sei Dank noch eine gewisse Offenheit bewahrt. Er kommt mit und lässt sich auf die ersten Schritte eines neuen Weges ein. So kann es für ihn zu einer völlig überraschenden Begegnung mit Jesus kommen. Sie sollte sein Leben nachhaltig verändern. Jesus offenbart sich Nathanael als Hellseher. Er sieht ihn kommen. Er sieht auch den zögernden Gang, die zweifelnden Gedanken. Jesus sagt ihm auf den Kopf und auf seine Seele zu: „Grüß Gott, Nathanael, du bist ein rechter Israelit, in dem kein Falsch ist!"

Das heißt: „Nathanael, du bist in Ordnung, so, wie du bist, auch mit deinen Fragen und Zweifeln." Nathanael fühlt sich tief in seine Seele geschaut. Verwundert fragt er Jesus: „Woher kennst du mich?" Jesus, der Hellseher, der Weitblickende, antwortet ihm: „Bevor Philippus dich rief, als du unter dem Feigenbaum warst, sah ich dich." In diesem Moment muss Nathanael sich so erkannt gefühlt haben, wie man sich nur von Gott entdeckt und erkannt fühlen kann. Auch Nathanel kannte bereits die Verse aus Psalm 139, die wir zu Beginn des Gottesdienstes gemeinsam gebetet haben: „Herr, du erforschest mich und kennest mich. Ich sitze oder stehe auf, so weißt du es; du verstehst meine Gedanken von ferne." (Psalm 139, 1+2) Jesus hatte Nathanael erkannt, bevor dieser ihm begegnet war, er hatte ihn unter dem Feigenbaum sitzen sehen. Der Feigenbaum steht symbolisch für einen Ort schriftgelehrten Studiums in den Heiligen Schriften Israels und damit auch für unsere Orte des Nachdenkens, der Ruhe, der Schriftlesung, des Gebetes.

Gott weiß um uns, Jesus sieht uns, der Heilige Geist begleitet uns. Wir sind nicht allein auf unseren manchmal einsam scheinenden Wegen des Glaubens. „Im Kern bin ich ein gläubiger Mensch," sagte mir ein Sterbender vor wenigen Tagen. „Gott weiß das!", antwortete ich. Gott ist für Leidende und Sterbende ganz besonders da.

Er sieht aber auch die Feiglinge unter ihren Feiglingsbüschen. Er möchte sie herauslocken, weil es unter diesen Büschen zu dunkel ist. Jesus führte Nathanael und seine ersten Nachfolger von den Blätterdächern religiöser Schriften fort zu einem neuen Raum des Glaubens, über dem der Himmel weit geöffnet ist. Das Bekenntnis: „Rabbi, du bist Gottes Sohn, du bist der König von Israel!" eröffnete ihnen den Zugang zu einem neuen Weg. Auch wir können darauf unterwegs sein, gemeinsam mit Jesus, dem weitblickenden Hellseher. Jesus ist und bleibt dabei weiterhin der, „den ihr nicht kennt", wie Johannes sagte. Wer Jesus schon ganz zu kennen meint, täuscht sich. Jeder von uns wird in diesem neuen Jahr Überraschungen erleben und neue Glaubenserfahrungen machen. Wir können nichts davon im Voraus planen oder berechnen. Deswegen ist ein guter Rat, in allen Wandlungen und Wirrungen des Lebens dem Geheimnis der Gegenwart Jesu mit seinen vielen Facetten verbunden zu bleiben. Glaube lebt von Vertrauen und Hingabe. Hingabe an den, der uns schon ganz kennt, ist das Ende all unserer Berechnungen und der Anfang eines neuen Weges. Amen

Gottes Herrlichkeit sehen

2. Sonntag nach Epiphanias, 16. Januar 2011

„Der Herr sprach zu Mose: „Du hast Gnade vor meinen Augen gefunden, und ich kenne dich mit Namen." Und Mose sprach: „Lass mich deine Herrlichkeit sehen!" Und er sprach: „Ich will vor deinem Angesicht all meine Güte vorübergehen lassen und will vor dir kundtun den Namen des Herrn: Wem ich gnädig bin, dem bin ich gnädig, und wessen ich mich erbarme, dessen erbarme ich mich." Und er sprach weiter: „Mein Angesicht kannst du nicht sehen; denn kein Mensch wird leben, der mich sieht." Und der Herr sprach weiter: „Siehe, es ist ein Raum bei mir, da sollst du auf dem Fels stehen. Wenn dann meine Herrlichkeit vorübergeht, will ich dich in die Felskluft stellen und meine Hand über dir halten, bis ich vorübergegangen bin. Dann will ich meine Hand von dir tun, und du darfst hinter mir her sehen; aber mein Angesicht kann man nicht sehen." 2.Mose 33, 17b-23

Liebe Gemeinde,
„Lass mich deine Herrlichkeit sehen!" Mose geht mit seinem Verlangen nach Gott aufs Ganze. Dabei lebte er bereits in so enger Gemeinschaft mit Gott wie kaum ein anderer Mensch vor ihm. Als Kind war er auf wunderbare Weise gerettet worden. Als Erwachsener hatte er einen Ägypter erschlagen, der einen seiner hebräischen Brüder beim Sklavendienst schlug. Der Pharao wollte Mose daraufhin töten lassen. Doch Mose konnte fliehen und sich in Sicherheit bringen. Als der Sklavendienst der Hebräer in Ägypten immer härter wurde, berief Gott Mose, um sein Volk aus der Knechtschaft in die Freiheit und das gelobte Land zu führen. Mose erlebt das Wunder des brennenden Dornbusches, der doch nicht verbrennt. Er hört die Stimme Gottes aus dem geheimnisvollen Feuer. Gott offenbart sich als der Gott Abrahams, Isaaks und Jakobs. Er beauftragt Mose, sein Volk aus der Sklaverei herauszuführen, doch Mose zögert. Weil er Angst hat, vor sein Volk zu treten, fragt er Gott nach seinem Namen. Bereits hier wird deutlich, dass Mose von Gott immer etwas mehr verlangt als dieser ihm jeweils zur Verfügung stellt. Mose macht das nicht, weil er etwa unverschämt wäre, sondern weil er ein unsicherer und ängstlicher Mensch ist. Wer unsicher ist, verlangt schnell nach Sicherheiten. Mose denkt nach seiner Berufung, dass der Name Gottes ihm Sicherheit und Autorität vor dem Volk verleiht. Denn mit dem Namen Gottes ist sein Wesen und seine Macht verbunden. Gott offenbart Mose daraufhin seinen rätselhaften Namen: „Ich werde sein, der ich sein werde!" (2.Mose 3,14)

Das heißt einerseits: „Ich bin immer da für dich, für das Volk, für jeden Menschen," andererseits stellt es vor die Aufgabe, immer wieder neu zu entschlüsseln, *wie* Gott jeweils für uns da ist. Gott ist ein dynamischer, beweglicher, nach außen hin veränderlicher Gott. Er lässt sich nicht auf Starres, Unbewegliches und Unverrückbares festlegen. Gott hat seine Schöpfung so ausgerichtet, dass sie in ständiger Bewegung ist. Die Welt und unser Leben sind im Fluss. Sie sind kein stillstehendes und in sich ruhendes Gewässer, auch kein vermodernder Tümpel, der vor sich hin dümpelt. Sklavendienst in Ägypten war für das Gottesvolk Israel zur stinkenden Kloake geworden. Also musste das Leben des Volkes wieder in Fluss gebracht werden. Dies war ein mühsamer und schmerzhafter Prozess, wie es auch für uns sehr beschwerlich sein kann, wenn Leben von Stillstand wieder auf Bewegung umschaltet. Das neue Jahr kommt jetzt langsam in Fluss und stellt uns vor neue Aufgaben und Herausforderungen.

Zehn Plagen lang ringen Mose, Aaron und der Pharao um die Befreiung des Volkes. Gott drückt die Ägypter durch diese Plagen nieder und zieht zugleich sein Volk Israel durch das Wunder der Bewahrung näher zu sich. Am Ende führt er es durch das trockene Schilfmeer in die Freiheit, die Ägypter bleiben geschlagen und ohnmächtig zurück. Es beginnt damit der lange, steinige und dornige Weg in die Freiheit. Aber Gottes Herrlichkeit wandert in dieser schweren Zeit auf besondere Weise erkennbar mit, damit das Volk nicht den Mut und die Hoffnung verliert, als Wolkensäule bei Tag und als Feuersäule in der Nacht. Erst im nachhinein erkennt das Volk Israel, was Gott bereits in der Wüste zu Mose sagte: „Ich will vor deinem Angesicht all meine Güte vorübergehen lassen, und du darfst hinter mir her sehen."

Noch heute feiern Juden in aller Welt jährlich das Passahfest im Gedenken an das Wunder der Befreiung aus der Sklaverei durch die Güte Gottes. Sie vermitteln der Welt damit, dass sie noch heute, nach über dreitausend Jahren, die bewahrende Macht Gottes bekennen, die auf dem Weg durch die Wüste nicht immer so deutlich zu erkennen war.

Auch wir können die Auswirkungen der Güte Gottes auf unser Leben oft erst später deutlicher erkennen. „In wieviel Not hat nicht der gnädige Gott über dir Flügel gebreitet!" (EG 317,3) In der Not scheinen diese Flügel manchmal klein oder kaum noch vorhanden zu sein. Doch wie demütig kann die späte Erkenntnis machen, dass es in Wahrheit mächtige Flügel von gewaltigen Engeln waren, die unser Leben in Not und Gefahr bedeckt und dadurch geschützt haben. Ach Mose, immer hast du nach Größerem verlangt, um Halt und Sicherheit zu gewinnen. Du hattest aber auch eine ungeheuer schwere Aufgabe, dieses ständig murrende, klagende und halsstarrige Gottesvolk aus der Sklaverei durch die Wüste in die Freiheit zu führen.

Dabei hatte Gott dich doch immer näher zu sich gezogen. Er hat dich engster Gemeinschaft gewürdigt. Wenn die Wolkensäule in der Tür der Stiftshütte stand, dann wusste das Volk, dass Gott persönlich mit dir redet, wie ein Mann mit seinem Freund. Warum wolltest du dann noch die Herrlichkeit Gottes sehen? Denn das hieß doch, Gott herauszufordern, denn seine Herrlichkeit ist nicht nur ein Teil von ihm, sondern alles, Gott pur, Gott-Essenz sozusagen. Gottes Herrlichkeit ist der Reichtum all seiner Eigenschaften, ist seine Fülle und Vollkommenheit. Wer dieser Herrlichkeit hier auf Erden von Angesicht zu Angesicht begegnen will, muss unweigerlich sofort sterben. Weil dies keiner von uns ertragen könnte, ist Gott so gütig, es uns auch zu ersparen, so wie er Mose in der Wüste nicht dieser tödlichen Begegnung ausgesetzt hat. Das steht aber nun wiederum in Spannung zu der Aufforderung: „Fraget nach dem Herrn und nach seiner Macht, suchet sein Antlitz allezeit!" (Psalm 105,4) Wir haben gemeinsam zu Beginn des Gottesdienstes mit einem weiteren Psalmvers gebetet: „Darum suche ich auch, Herr, dein Antlitz." (Psalm 27,8) Warum sollen wir Gottes Antlitz suchen, wenn wir ihm doch nicht von Angesicht zu Angesicht begegnen dürfen?

Wir sollen Gottes Antlitz *suchen*, weil es voller Liebe und Güte auf uns gerichtet ist. Der Segenswunsch am Ende des Gottesdienstes lautet: „Der Herr lasse sein Angesicht leuchten über dir und sei dir gnädig; der Herr hebe sein Angesicht über dich und gebe dir Frieden." (4.Mose 6,25+26) Gott und Mensch befinden sich in unterschiedlichen Positionen. Unsere Rangstellung ist weit unter der Gottes. Wie könnte es auch anders sein? Er ist der Herr, wir seine Geschöpfe, er der Vater, wir seine geliebten Kinder. Kann denn ein Kind zu seinen Eltern sagen: „Mein Angesicht ruht stets auf euch, ich passe auf euch auf?" Nein, es ist umgekehrt, die Augen und die Sinne der Eltern achten auf ihre Kinder, bis sie selbständig und erwachsen sind. Es ist für Eltern ein besonders schönes Gefühl, wenn sie ihren erwachsenen Kindern von Angesicht zu Angesicht und als Erwachsene auf gleicher Augenhöhe begegnen können. Man entdeckt dann seine Kinder und auch sich selbst noch einmal ganz neu.

So verhält es sich auch mit Gott und uns, seinen geliebten Kindern. Selbst wenn wir als Christen die Herrlichkeit Gottes im Angesicht Jesu Christi erkennen können, stehen wir der himmlischen Herrlichkeit Jesu in dieser Welt noch nicht auf Augenhöhe gegenüber, wohl aber bereits auf Herzenshöhe! Denn man sieht bekanntlich nur mit dem Herzen gut. So erkennen wir im Glauben an Christus die Güte Gottes bereits in unseren Herzen.

Aber bis zur Offenbarung seiner *ganzen* Herrlichkeit behalten die Worte des Apostels Paulus aus dem 1. Korintherbrief ihre Gültigkeit: „Wir sehen jetzt durch einen Spiegel ein dunkles Bild; dann aber von Angesicht zu Angesicht. Jetzt erkenne ich stückweise; dann aber werde ich erkennen, wie ich erkannt bin.“ (1.Korinther 13,12) Gott zeigt uns seine Herrlichkeit in dieser Welt nur in Bruchstücken. Es ist unsere Aufgabe, sie zusammenzufügen. Dann können wir schon jetzt das wunderbare und herrliche Bild erahnen, das noch dahinter verborgen ist. Amen

Hell und Heilung

3. Sonntag nach Epiphanias, 22. Januar 2012

Predigttext: 2. Könige 5, 1-15

Liebe Gemeinde,
der Predigttext für den heutigen Sonntag schickt uns auf große Zeitreise. Diese Reise führt uns in das letzte Viertel des achten Jahrhunderts vor Christus. Das Großreich Israel ist zerschlagen. Viele Israeliten wurden getötet, andere verschleppt, auch vom König der Aramäer, Ben Hadad II.. Die Verschleppten wurden in der Fremde zu Sklavinnen und Sklaven gemacht. Mit dem Ende des Großreiches Israel stand auch die Größe seines Gottes in Frage. Der Gott Abrahams, Isaaks und Jakobs, Schöpfer und Herr der Welt, hatte sein auserwähltes Volk Israel nicht vor Krieg und Zerstörung bewahrt.
Vor diesem Hintergrund spielte sich ab, was das zweite Buch der Könige im fünften Kapitel berichtet: „Naaman, der Feldhauptmann des Königs von Aram, war ein trefflicher Mann vor seinem Herrn und wert gehalten.“ Warum stand dieser Hauptmann hoch im Ansehen seines Königs? Es folgt eine denkwürdige Erklärung: „denn durch ihn gab Gott, der Herr, den Aramäern Sieg.“ Das heißt aus der Perspektive Israels gesehen: Unser Gott muss auf der Seite unserer Feinde gestanden haben, weil er sie hat siegen lassen. Denn wenn Gott mit uns gewesen wäre, dann hätte er uns auch siegen lassen. Für das gottesfürchtige Israel war die Niederlage kein Grund, an der Allmacht Gottes zu zweifeln. So stellt die Zeitreise uns vor Fragen.
Halte ich selbst an der Allmacht Gottes fest in Zeiten, in denen er scheinbar nicht auf meiner, nicht auf unserer Seite ist? Sage ich mich los von einem Gott, der nicht meine Interessen vertritt?

Israel hat sich niemals von seinem Gott losgesagt, selbst nicht nach der größten und grausamsten Vernichtungswelle im vergangenen Jahrhundert durch den Holocaust. Denn Gott, der Herr, hat seine eigenen Gedanken und Wege. Sie sind für uns Menschen unergründlich. Auch damals, vor über 2700 Jahren, hatte Gott seine eigenen Gedanken über das Leben von Naaman, den Feldhauptmann der Aramäer. Naaman „war ein gewaltiger Mann, jedoch aussätzig", wird uns berichtet. Er hatte Lepra, doch noch nicht im fortgeschrittenen Stadium. Sein Leben war aber von dieser zerstörerischen Krankheit ernsthaft bedroht. Das, was ihn klein und ohnmächtig machen konnte, hatte sich bereits in seinem Körper eingenistet.

Doch da gab es ein junges Mädchen in seinem Haus. Es war von den Kriegsleuten der Aramäer aus dem Land Israel verschleppt worden. Dieses Mädchen war Sklavin der Frau des Naaman. Natürlich hatte sie erfahren, dass Naaman, ihr Herr, ernsthaft erkrankt war. Dies hätte sie als gewaltsam Deportierte und Unterdrückte mit einer klammheimlichen Freude erfüllen können. Sie hätte sich in ihrem Herzen sagen können: „So rächt sich Gott, der Herr, an den Feinden seines auserwählten Volkes Israel. Er schickt ihnen Aussatz, um sie zu verderben, so dass ihr Fleisch nach und nach abstirbt und verfault." Aber dieses fromme junge Mädchen aus dem geschlagenen Gottesvolk Israel tut genau das Gegenteil. Sie sagt zu ihrer Herrin, zu Naamans Frau: „Ach, dass mein Herr wäre bei dem Propheten in Samaria! Der könnte ihn von seinem Aussatz befreien." Diese Nachricht verbreitete sich wie ein Lauffeuer im Hause des Naaman. Eigentlich wäre zu erwarten gewesen, dass Naaman daraufhin gesagt hätte: „Was sollte mir der Gott unserer Feinde helfen, die wir gerade besiegt haben? Der Gott Israels hatte schon sein eigenes Volk nicht retten können, wie sollte er da mir, einem Feind, helfen? Das macht doch keinen Sinn. Es ist dummes Geschwätz einer kindischen Sklavin."

Aber Naaman hörte erstaunlicherweise auf die Worte dieser Sklavin. Er setzte sich unverzüglich in Bewegung, doch nicht in Richtung Samaria, sondern zunächst in Richtung Damaskus, der heutigen Hauptstadt Syriens. Naaman berichtete dort seinem König von den Worten der Sklavin. Auch der König zögerte nicht, diesen Worten Vertrauen zu schenken. Sie könnten Wegweiser zur Heilung seines kranken und wertgeschätzten Hauptmanns sein. Allerdings gab es da noch ein Missverständnis im Königspalast. Der König schrieb einen Brief an den König von Israel, der lautete: „Wenn dieser Brief zu dir kommt, siehe, so wisse, ich habe meinen Knecht Naamann zu dir gesandt, damit du ihn von seinem Aussatz befreist." Der König von Aram hatte nicht verstanden, dass die Sklavin von einem *Propheten*, einem Mann Gottes, gesprochen hatte. *Er* könnte mit Gottes Hilfe Heilung bringen. Es war nicht Aufgabe des Königs von Israel, zu heilen.

So dachte er, wie er es gewohnt war, von König zu König, von Herrscher zu Herrscher, von Macht zu Macht.

Gott aber denkt und handelt anders. Es geht mit Gott im Leben auf und ab, hin und her, kreuz und quer, mal geradeaus und dann wieder in Schlangenlinien oder Zickzackbewegungen. So machte Naaman sich auf die Reise von Aram, dem heutigen Syrien, nach Israel. Naaman „nahm mit sich zehn Zentner Silber und sechstausend Goldgulden und zehn Feierkleider." Ihm war seine Heilung viel wert. Mit diesen Geschenken kam er zum König von Israel. Der König jedoch war empört, nachdem er den Brief des Königs von Aram gelesen hatte. Er zerriss seine Kleider und sprach: „Bin ich denn Gott, dass ich töten und lebendig machen könnte, dass er zu mir schickt, ich solle den Mann von seinem Aussatz befreien? Merkt und seht, wie er Streit mit mir sucht!"

An dieser Stelle hätte die Geschichte wiederum enden können. Es ist so wie mit vielen Heilungsverläufen. Es gibt immer wieder Blockaden. Sie verzögern die Gesundung oder verhindern sie. Wieder aber kommt Gott ins Spiel. Ihm ist am Heil des Menschen gelegen, sei er Freund oder Feind, würdig oder unwürdig, arm oder reich. Gottes Menschenliebe ist viel größer als die Enge menschlicher Herzen. Gott ist der wahre König. Er bedient sich vieler Hilfsmittel, um Menschen auf den Weg des Glaubens und der Heilung zu führen. So geht unsere lange Geschichte weiter. Der Prophet Elisa hörte von dem Missverständnis und bringt erneut das geheimnisvolle Wirken Gottes ins Spiel. Elisa lässt dem König ausrichten: „Lass Naaman zu mir kommen, damit er innewerde, dass ein Prophet in Israel ist", um durch ihn etwas von der Macht unseres Gottes zu erfahren.

Also zog Naaman weiter, mit Rossen, Wagen und den wertvollen Gastgeschenken, bis zum Hause Elisas in Samaria. Elisa jedoch spricht nicht persönlich mit dem Feldhauptmann, sondern sendet einen Boten zu ihm. Dies könnte bedeuten, dass der Prophet nicht bereit ist, mit einem heidnischen Feind zu sprechen. Das wäre nur allzu verständlich. „Elisa, gib's ihm im Namen Gottes. Zeig ihm, was für eine erbärmliche Kreatur er ist. Lass ihn ohne Heilung wieder umkehren, verfaulen und sterben soll er!" Doch Elisa lässt Naaman durch seinen Knecht eine *heilsame* Nachricht überbringen: „Geh hin und wasche dich siebenmal im Jordan, so wird dir dein Fleisch wieder heil, und du wirst rein werden." Elisa folgt mit dieser Anweisung dem Willen Gottes und nicht Hassgefühlen. Gott hat kein Interesse am lieblosen menschlichen Ränkespiel. Gott will das Heil der Menschen, *aller* Menschen! Naaman jedoch wird zornig, weil der Prophet ihn mit den Worten seines Knechts abspeist.

Er fühlt sich nicht ernst genommen und sagt: „Ich meinte, er selbst sollte zu mir herauskommen und hertreten und den Namen des Herrn, seines Gottes, anrufen und seine Hand hin zum Heiligtum erheben und mich so von dem Aussatz befreien. Sind nicht die Flüsse von Damaskus ... besser als alle Wasser in Israel, so dass ich mich ihn ihnen waschen und rein werden könnte?“ Naaman erwartet als großer Mann auch große Gesten. Aber wohl dem, der groß ist und sich ein Gefühl für das *Kleine* bewahrt hat. Wer nur auf das Große und auf Größe schaut, kann viel übersehen und verpassen im Leben.

Erneut erfolgt eine Unterbrechung auf dem langen Weg zur Heilung. Es geht nicht voran. Da meldet sich wieder ein *Kleiner* zu Wort, wie zu Beginn die kleine Sklavin. Gott liebt es, durch das *Kleine* zu sprechen! Ein Diener macht sich an Naaman heran und sagt zu ihm: „Lieber Vater, wenn dir der Prophet etwas Großes geboten hätte, hättest du es nicht getan? Wieviel mehr, wenn er zu dir sagt: Wasche dich, so wirst du rein!“ Naaman hatte erstaunlicherweise nicht verlernt, auf das *Kleine* zu achten und auf die Worte der in seinen Augen kleinen Leute zu hören. Er zieht zum Jordan, immerhin etwa 40 km hinab vom Bergland um Samaria zur Jordansenke und taucht ohne weiteren Widerstand siebenmal im Jordan unter. „Und sein Fleisch wurde wieder heil wie das Fleisch eines jungen Knaben, und er wurde rein.“ Das Wunder geschieht! Gott handelt mit Macht, seine Menschenfreundlichkeit kennt keine Grenzen. Dies lässt er einen Feind seines Volkes erfahren. Damit erweist sich Gott nicht nur als Gott Israels, sondern auch als Herr der großen Völkerwelt. Diese Erkenntnis sollen wir heute von unserer Zeitreise mitnehmen.

Denn Gott, durch dessen Macht Naaman geheilt wird, ist auch der Vater Jesu Christi. Wir stehen als Christen in enger Verbindung mit dieser alten Heilungsgeschichte. Sie endet damit, dass Naaman zum Propheten Elisa zurückkehrt und ihn reich beschenken will. Elisa jedoch lehnt Geschenke und Vergünstigungen ab, anders als viele Mächtige damals und heute. Es kommt Elisa als Mann Gottes darauf an, das Bekenntnis zu seinem Gott in die Welt zu tragen. Er selbst tritt dahinter bescheiden zurück. So bekennt Naaman am Ende: „Siehe, nun weiß ich, dass kein Gott ist in allen Landen, außer in Israel!“ Naaman verspricht, fortan *diesem* Gott zu dienen. Damit ist Gottes Ziel erreicht, Herzen zu sich zu wenden, Menschen seine große Menschenliebe und Heilungskraft erfahren zu lassen. Darauf ist bis heute Verlass, auch wenn es für uns alle immer wieder hin und her, kreuz und quer, auf und ab geht. Wir haben einen wunderbaren Gott! Er möchte uns auf unseren gewundenen Schicksalspfaden begleiten. Gott möchte uns helfen und - wenn notwendig - auch heilen. Amen

Über das Wasser gehen

4. Sonntag nach Epiphanias, 30. Januar 2011

„Jesus trieb seine Jünger, in das Boot zu steigen und vor ihm hinüberzufahren, bis er das Volk gehen ließe. Und als er das Volk hatte gehen lassen, stieg er allein auf einen Berg, um zu beten. Und am Abend war er dort allein. Und das Boot war schon weit vom Land entfernt und kam in Not durch die Wellen; denn der Wind stand ihm entgegen. Aber in der vierten Nachtwache kam Jesus zu ihnen und ging auf dem See. Und als ihn die Jünger sahen auf dem See gehen, erschraken sie und riefen: Es ist ein Gespenst! und schrien vor Furcht. Aber sogleich redete Jesus mit ihnen und sprach: Seid getrost, ich bin's; fürchtet euch nicht! Petrus aber antwortete ihm und sprach: Herr, bist du es, so befiehl mir, zu dir zu kommen auf dem Wasser. Und er sprach: Komm her! Und Petrus stieg aus dem Boot und ging auf dem Wasser und kam auf Jesus zu. Als er aber den starken Wind sah, erschrak er und begann zu sinken und schrie: Herr, hilf mir! Jesus aber streckte sogleich die Hand aus und ergriff ihn und sprach zu ihm: Du Kleingläubiger, warum hast du gezweifelt? Und sie traten in das Boot, und der Wind legte sich. Die aber im Boot waren, fielen vor ihm nieder und sprachen: Du bist wahrhaftig Gottes Sohn!" Matthäus 14, 22-33

Liebe Gemeinde,
kann man über das Wasser gehen? Im Prinzip ja, wenn da nicht wären die Angst, der Zweifel und der Kleinglaube. Zudem ist ein rechtes Verständnis von biblischen Erzählungen und Gleichnissen eine wichtige Voraussetzung zur Beantwortung der Frage, ob wir über das Wasser gehen können oder nicht. Gestern morgen ging ich bei minus fünf Grad Außentemperatur an der Ilmenau spazieren. Ich fragte mich, was wohl geschehen würde, wenn ich jetzt all meinen Glauben zusammennehmen würde und dann versuchte, über das Wasser ans andere Ufer zu gehen. Sie können sich die Antwort denken. Ich bin natürlich nicht losgegangen. Ich wusste, dass ich schon beim ersten Schritt ins Wasser gefallen wäre. Bei *der* Kälte hätte es lebensgefährlich werden können.
Doch was wäre gewesen, wenn am anderen Ufer jemand in Lebensgefahr geschwebt hätte? Wenn ich ganz schnell auf die andere Seite des Flusses hätte gelangen müssen, um einem Menschen auf der anderen Seite zu helfen? Die nächste Brücke war viel zu weit entfernt. Hätte ich dann den Weg über das Wasser gewählt, wäre ich einfach losgegangen? Nein, aber ich wäre in das Wasser gesprungen und ich bin mir ganz sicher, dass ich auch heil auf der anderen Seite angekommen wäre, und zwar ganz schnell.

Später hätte ich mich dann vielleicht gefragt: „Wie bist du eigentlich so schnell und so sicher bei der Kälte über den Fluss gekommen? Warum hast du auch danach die Kälte gar nicht gespürt, obwohl du völlig durchnässt warst?“ Vielleicht wäre ich nach erfolgreicher Rettungsaktion auch zu der Erkenntnis gekommen: „Eigentlich war es so, als ob du *über* das Wasser gegangen wärest.“ Somit gehört zum Verstehen des Predigttextes die Erkenntnis, dass über das Wasser gehen nicht gleich über das Wasser gehen ist. Es geht nicht vorrangig um das Wasser, sondern um unseren Glauben.

Jesus fordert auf dem Wasser den Glauben seiner Jünger heraus. Die Jünger saßen in ihrem Boot. Mitten auf dem See waren sie in der Nacht durch Wind und Wellen in Not geraten. Sie hatten große Angst. Da erschien ihnen Jesus als einer, der auf dem Wasser geht. „Gott sei Dank, die Rettung naht!“, hätten sie sich in diesem Moment sagen können. Aber stattdessen „erschraken sie und riefen: Es ist ein Gespenst! und schrien vor Furcht.“ Wer weiß, wie oft wir schon durch zu große Angst nicht erkannt haben, was uns helfen konnte und dadurch auch Gott nicht entdeckt haben, der uns zu Hilfe kommen wollte. Angst macht eng, sie kann uns blockieren. Sie kann unsere Gedanken eintrüben und unsere Handlungsfähigkeit lähmen. Angst, die nicht überwunden wird, kann lebensgefährlich werden. Wären die Jünger Jesu mitten in Seenot in ihrer Angst gefangen geblieben, sie hätten ertrinken können. Deswegen muss Jesus ihre Angst auflösen. Er tut dies mit den beruhigenden Worten: „Seid getrost, *ich* bin's; fürchtet euch nicht!“ Drei alte biblische Zauberworte: „Fürchtet euch nicht!“ Habt keine Angst!

„Größer als der Helfer ist die Not ja nicht.“ heißt es in dem Lied: „Harre, meine Seele, harre des Herrn; alles ihm befehle, hilft er doch so gern!“ - „In allen Stürmen, in aller Not wird er dich beschirmen, der treue Gott.“ (EG 593) Jesus auf dem See ist kein Gespenst, sondern Gott, der so gerne hilft und rettet. Darauf dürfen wir vertrauen, daran sollen wir nicht zweifeln. Wir dürfen uns immer wieder daran erinnern, wenn wir plötzlich in Not geraten und Gefahren drohen. Jesus auf dem See fordert uns nicht dazu heraus, ohne Not leichtsinnigerweise über das Wasser zu gehen, um Gott auf die Probe zu stellen. Dies konnte Petrus draußen auf dem See erfahren. Er forderte Jesus heraus, stellte seine Macht auf die Probe. „Herr, bist du es, so befiehl mir, zu dir zu kommen auf dem Wasser.“ Petrus wagt ein Glaubensexperiment. Erstaunlicherweise gelingt es auch zunächst. Jesus sagt zu Petrus: „Komm her!“ Petrus geht los und er kann auf dem Wasser gehen, jedoch nur in seiner Bindung an Jesus, seinen Herrn. Auf sich allein gestellt versinkt er. Er musste nur auf den starken Wind schauen, da bekommt er wieder Angst und die Angst lässt ihn untergehen.

Angst macht schwer, sie zieht nach unten. Glaube macht leichter, er hebt empor. Petrus schreit: „Herr, hilf mir!“ Glauben heißt auch, um Hilfe zu bitten, in Angst und Not zu Gott zu rufen und manchmal auch nach Hilfe zu schreien. Wer glaubt, kann realistischer mit den eigenen Grenzen umgehen. Wir sind nun einmal keine angstfreien Wesen. Doch es gibt wichtige Erfahrungen jenseits der Grenzen unserer Angst. Petrus hatte schon einen Schritt über die Grenze seiner Angst hinaus getan. Er hatte dabei ein Wunder erlebt, das Wasser trug ihn!

Doch dann kamen wieder die Zweifel. Wer von uns kennt das nicht? Mutig wagen wir verheißungsvolle Schritte in eine neue Richtung. Es öffnet sich Ermutigendes, Schönes und manchmal sogar Wunderbares. Dann aber holen uns die alten Zweifel und Ängste wieder ein. Es geht nicht weiter. Wir geben auf, erklären die neuen Erfahrungen zu einem Traumgespinst, einer Fata Morgana, machen sie im nachhinein schlecht oder verteufeln sie sogar. So geht es oft nach zunächst ermutigenden Neuaufbrüchen. Nach der friedlichen Revolution in der DDR 1989, nach dem Wunder der plötzlichen Grenzöffnung, nach dem Jubel über die wiedergewonnene deutsche Einheit traten bald Klagen und Zweifel in den Vordergrund. Bei manchen ist dies auch noch heute so, über zwanzig Jahre nach der Wende, obwohl wir so viel geschafft haben. Natürlich sind Missstände geblieben und auch neue hinzugekommen. Aber die Bilanz aller Bemühungen ist eindeutig positiv, die vielen kleinen und größeren Wunder mit eingerechnet, über die nur noch wenig gesprochen wird. Menschen sind über das Wasser gegangen und dies über weite Strecken hin. Sie sind nicht untergegangen, auch wenn nicht alles trocken geblieben ist. Wann sind Sie selbst über das Wasser gegangen und dabei nicht untergegangen? Womöglich sind Sie mehr oder weniger nass geworden, aber Sie sind nicht versunken! Die Erinnerungen an diese Zeiten der Errettung und Bewahrung laden uns ein zu neuem Vertrauen und zu tieferem Glauben. Errettung und Bewahrung bedeutet immer eine Begegnung mit den helfenden Kräften Gottes, ob Menschen an ihn glauben oder nicht. Gott macht seine rettenden Kräfte davon nicht abhängig, Gott sei Dank nicht! Doch es ist einfacher und es geht schneller, wenn man die richtige Adresse in der Not kennt.

„Herr, hilf mir! Jesus aber streckte sogleich die Hand aus und ergriff Petrus und sprach zu ihm: Du Kleingläubiger, warum hast du gezweifelt?“ Ja, warum eigentlich? Warum zweifeln wir immer wieder und lassen uns von unseren Zweifeln und Ängsten aus dem Takt bringen? Jesus nennt einen wichtigen Grund: Kleinglauben! Das Gegenteil davon wäre *Großglauben*.

Jesus macht uns Mut, groß zu glauben. Das ist weder unangemessen noch überheblich, es ist auch nicht unerreichbar. Jesus hat ebenfalls gesagt: „Denn wahrlich, ich sage euch: Wenn ihr Glauben habt wie ein Senfkorn, so könnt ihr sagen zu diesem Berge: Heb dich dorthin!, so wird er sich heben; und euch wird nichts unmöglich sein." (Matthäus 17, 20) Also ist *alles* möglich: Berge versetzen, Wasser überqueren, Gefahren und Ängste überwinden, Sorgen und Zweifel loslassen, neues Vertrauen wagen, Unrecht erkennen, Schritte erwägen, Glauben bekennen und an der großen Liebe Gottes zu uns unbeirrt festhalten! Amen

Die Gemeinde singt nach der Predigt: „Vertrauen wagen" (EG 607)

Gott mag keine Angeber
Sonntag Septuagesimae, 5. Februar 2012

„So spricht der Herr: Ein Weiser rühme sich nicht seiner Weisheit, ein Starker rühme sich nicht seiner Stärke, ein Reicher rühme sich nicht seines Reichtums. Sondern wer sich rühmen will, der rühme sich dessen, dass er klug sei und mich kenne, dass ich der Herr bin, der Barmherzigkeit, Recht und Gerechtigkeit übt auf Erden; denn solches gefällt mir, spricht der Herr." Jeremia 9, 22-23

Liebe Gemeinde,
Gott mag keine Angeber. Daraus folgt: Du sollst nicht prahlen, nicht protzen, nicht damit angeben, dass du schlau, stark oder reich bist. Wenn du klug, mächtig, wohlhabend bist, dann diene damit dem Leben, deinen Mitmenschen und Gott. Denn Wissen, Stärke und Reichtum beinhalten eine Verpflichtung. Sie sind Gaben des Schöpfers und sollen seiner Schöpfung dienen. Viele Menschen wissen dies nicht. Sie denken, dass sie sich mit diesen an und für sich guten und wertvollen Gaben Gottes eigene Vorteile verschaffen sollen.
Klug aber in den Augen Gottes ist, wer erkennt, dass er der Herr ist und der Geber aller guten Gaben. Gott übt auf Erden Barmherzigkeit, Recht und Gerechtigkeit. Der Prophet Jeremia bildet indirekt drei Wortpaare. So können wir der Weisheit die Barmherzigkeit, der Stärke das Recht und dem Reichtum die Gerechtigkeit zuordnen. Gottes Weisheit gipfelt in seiner Barmherzigkeit, weil er um unsere Schwächen weiß.

Er fühlt mit uns und mit seiner Schöpfung. Aus diesem Grund gibt Gott uns täglich Hilfestellungen und verzeiht uns unsere Fehler, wenn wir sie uns und ihm eingestehen. Gottes Stärke schafft das Recht, nicht das Recht des Stärkeren, sondern ein Recht, das auf die Schwachen Rücksicht nimmt. Gottes Reichtum gipfelt in seiner Gerechtigkeit. Er wird allem auf seine Weise gerecht. Wir verstehen das oft nicht, weil wir entweder alles Recht für uns oder gleiches Recht für alle wollen, ohne auf die Besonderheit der einzelnen Rücksicht zu nehmen.

Wer die Natur genau beobachtet, kann feststellen, dass Gott auf wunderbare Weise jedem das Seine gibt. Glücklich ist der Mensch, der im Laufe seines Lebens lernt, dass dies auch für ihn gilt. Gott gibt jedem von uns das Seine. Es ist nicht immer das, was wir unbedingt wollen. Doch Gott kennen und ihn immer besser kennen zu lernen, bedeutet auch, immer mehr zu entdecken, was das Meine in dieser Welt ist. Gott hilft uns bei dieser Entdeckungsreise. Manchmal schenkt er uns mehr, als wir erwartet haben. Zu anderen Zeiten schränkt er uns mehr ein als wir es möchten. Aber so formt uns Gott mit seiner Weisheit und Barmherzigkeit, seiner Stärke und seinem Recht, seinem Reichtum und seiner Gerechtigkeit. Wir sind in diesem Schöpfungsprozess keine willenlosen Marionetten, Gott spielt mit uns kein Puppentheater. Wir dürfen und wir sollen unser Wissen, unsere Erfahrung einbringen, auch unser Erbarmen, unser Mitgefühl, unser Mitleid mit Mensch, Tier und Natur. Unsere Kraft ist gefragt und unser Rechtsempfinden. Wir sollen nicht tatenlos bleiben in den Auseinandersetzungen, in denen es um Recht und Unrecht geht. Schon die Propheten des Alten Gottesbundes waren tapfere Streiter für Recht und Gerechtigkeit, insbesondere für das Recht der Armen und Benachteiligten. Mit dem Reichtum all unserer Gaben sollen wir einer allumfassenden Gerechtigkeit in der Welt dienen. Wer sich nach dem Wunsch und Willen Gottes für das Leben einsetzt, ist in der Regel kein Angeber. Angeber sind eigentlich bemitleidenswerte Zaungäste des Lebens. Sie stehen am Rande und protzen mit irgendetwas. Die wahre Mitte des Lebens erreichen sie mit ihrer Prahlerei nicht. Oft genug bricht ihre nach außen hin glänzende Welt irgendwann wie ein Kartenhaus zusammen. Dann wird das Ausmaß ihrer inneren Armut auf erschreckende Weise deutlich.

Anders verhält es sich mit Menschen, die unbeirrt dem Leben dienen. Irgendwann leuchtet ihr wahrer Glanz auf, so dass andere staunen über das, was über lange Zeit im Verborgenen doch Großes geleistet wurde. Vorgestern Abend waren in der 1000. Sendung „Wer wird Millionär?“ drei Kandidatinnen und ein Kandidat zu Gast, die auf besondere Weise ehrenamtlich tätig sind:

Obdachlosen umsonst Haare schneiden, Findelkinder aufnehmen, ein Heim für Notleidende schaffen, unermüdlich Pflegekinder großziehen, sich im Kampf gegen Knochenmark-Krebs engagieren. Keiner der vier neigte zum Prahlen oder Angeben. Bei ihnen war vielmehr eine tiefe Liebe zu ihrem jeweils eigenen Einsatz für das Leben zu spüren. Es war ein wohltuender Kontrast zu vielen Talkshows, in denen Menschen sich unablässig gerne selbst reden hören und in irgendeiner Form mit ihrem Wissen, ihrer Stärke, ihrem Können, ihrem Wohlstand prahlen. Ähnliches nehme ich auch bei manch zeitraubenden Sitzungen wahr. Wenn Teilnehmende bisweilen ihr Ego mäßigen und mehr der Sache dienen würden, könnte sich manche Sitzungszeit spürbar verkürzen lassen. Gott mag keine Angeber. Wir müssen uns von ihnen auch nicht das Leben über Gebühr beschweren lassen.

Im Konfirmandenunterricht sprachen wir in dieser Woche über bekannte Worte Jesu. Eine Konfirmandin kommentierte seine Worte: „Wer sich selbst erhöht, der wird erniedrigt; und wer sich selbst erniedrigt, der wird erhöht," folgendermaßen: „Da gibt es viele in der Schule, die immer so angeben und sich für etwas Besseres halten. Und dann gibt es die anderen, die unsicher sind und sich fragen, ob sie alles richtig gemacht haben. Die sind oft viel netter, und sie sind die besseren Freunde."

„Wer sich rühmen will, der rühme sich dessen, dass er klug sei und mich kenne, dass ich der Herr sei." Gott loben, rühmen und preisen soll aber nun aber auch nicht dazu führen, dass Menschen mit ihrem Glauben und ihrer Frömmigkeit angeben. Der Apostel Paulus kommt zu dem Schluss: „Gerühmt muss werden!" (2. Korinther 12,1) Aber auch er kritisiert, dass sich viele Christen „nach dem Fleisch rühmen" (2. Korinther 11,18), wie er es formuliert. Sie prahlen mit sich und geben mit ihrer Klugheit, ihrer Stärke, ihrem Reichtum und auch mit ihrem Glauben vor anderen an. Das lehnt Paulus ab und so rühmt er sich lieber seiner Schwachheit, weil er erfahren hat, dass Gottes Kraft in menschlicher Schwäche sehr mächtig, hilfreich und wirkungsvoll sein kann. Die Jahreslosung für dieses Jahr prägt es uns ein: „Jesus Christus spricht: Meine Kraft ist in den Schwachen mächtig." (2. Korinther 12,9)

So hat auch Jesus Gott auf eigene und besondere Weise gerühmt, gelobt und gepriesen: „Ich preise dich, Vater, Herr des Himmels und der Erde, weil du dies den Weisen und Klugen verborgen hast und hast es den Unmündigen offenbart." – „Kommt her zu mir, alle, die ihr mühselig und beladen seid; ich will euch erquicken." (Matthäus 11,25+28) Jesus kann uns auch dann erquicken und erfrischen, wenn wir zu sehr unter der Last der Angeber, Aufschneider, Besserwisser, Alleskönner und scheinbar Übermächtigen leiden. Er führt uns zu den wahren Quellen des Lebens.

An ihnen können wir neue Lebensweisheit, Stärke und seelischen Reichtum schöpfen. Damit ausgerüstet dürfen wir weiterhin in Weisheit und mit Barmherzigkeit dem Leben dienen. Dabei sollen wir daran festhalten, dass Stärke und Recht sowie Reichtum und Gerechtigkeit untrennbar zusammengehören. Amen

Maria und Marta
Sonntag Estomihi, 6. März 2011

„Jesus kam in ein Dorf. Da war eine Frau mit Namen Marta, die nahm ihn auf. Und sie hatte eine Schwester, die hieß Maria; die setzte sich dem Herrn zu Füßen und hörte seiner Rede zu. Marta aber machte sich viel zu schaffen, ihm zu dienen. Und sie trat hinzu und sprach: Herr, fragst du nicht danach, dass mich meine Schwester lässt allein dienen? Sage ihr doch, dass sie mir helfen soll! Der Herr aber antwortete und sprach zu ihr: Marta, Marta, du hast viel Sorge und Mühe. Eins aber ist not. Maria hat das gute Teil erwählt; das soll nicht von ihr genommen werden.“ Lukas 10, 38-42

Liebe Gemeinde,
sind Ihnen diese Marta-Tage auch vertraut? Sie fragen sich schon morgens nach dem Aufstehen oder bereits im Bett nach dem Aufwachen, sollte man besser sagen nach dem *Aufschrecken:* „Wie soll ich das heute nur alles schaffen?“ Vielleicht spüren Sie, dass zudem Ihr Körper angeschlagen ist. Sie haben schlecht geschlafen, haben Albträume mit dem immer wiederkehrenden Thema gehabt, etwas nicht bewältigen zu können. Eigentlich sind Sie schon mit dem Druck der unbewältigten Aufgaben vom Vortag zu Bett gegangen. So stolpern Sie nun in den neuen Tag hinein, der gar nichts Neues verspricht, sondern nur das Altbekannte und Wohlvertraute: „Es ist einfach zu viel, ist auch heute wieder nicht zu schaffen.“ Wenn sich mehrere solcher Marta-Tage aneinander reihen, können sie auch zu *Marter*-Tagen werden. Mir steht das Bild vom Marterpfahl vor Augen, an dem Indianer ihre Feinde festgebunden haben, um sie zu foltern oder gar zu töten.
Viele Marter-Tage hintereinander können zum „Burnout-Syndrom“ führen. Sie fühlen sich ausgebrannt, haben keine Kraft mehr, nicht einmal für die kleinen Aufgaben des Alltags. Noch viel schlimmer ist, dass Sie keine Lebensfreude mehr verspüren. Alles erscheint nur noch grau in grau. Es kann dann noch weiter bergab gehen. Ernsthafte körperliche Beschwerden, Depressionen und Todes-Sehnsucht stellen sich möglicherweise ein.

Oder es geht in die entgegengesetzte Richtung: Ärger, Wut und Vorwürfe anderen gegenüber werden laut. Damit sind wir jetzt ebenfalls zu Besuch bei Maria und Marta. Denn auch Marta scheint unter dem Marter-Syndrom zu leiden. Sie fühlt sich in ihrer Rolle als dienende Hausfrau nicht wohl. Doch das kann sie nicht zugeben, und wahrscheinlich ist es ihr auch gar nicht bewusst. Denn Marta ist nicht nur eine dienende, sondern zugleich auch eine herrschende Frau. Das zeigt sich daran, dass sie Jesus in ihr Haus aufnahm. Es heißt, dass *sie* Jesus aufnahm und nicht ihre Schwester oder gar beide zusammen. Dann hätten sich beide vielleicht auch gleichermaßen um sein Wohl sorgen können. Marta ist der Typ „ältere Schwester". Sie ist es gewohnt, Verantwortung zu tragen. Maria scheint eher die Jüngere zu sein, die geschont wird, jedoch nach dem Motto: „Das kannst du sowieso nicht. Du musst dann eben wieder einmal angeleitet werden, denn sonst lernst du es nie!" Kaum ist der Gast da, ist Jesus ins Haus eingetreten, legt Marta los. Ihre Bewirtungs- und Versorgungsmaschinerie läuft auf Hochtouren. Es ist ja auch ein hoher Gast zu Besuch. Marta machte sich viel zu schaffen, *viel,* das spricht für sich - viel für nur drei Personen, oder wurden noch mehr Gäste erwartet?

Für Marta-Typen ist die Lage klar. „Maria, hilf gefälligst mit! Was sitzt du da herum?" Unsere Original-Marta hat noch mehr drauf. Sie erweist sich als Meisterin der Intrige. Dahinter versteckt sie ihre Eifersucht. Sie ist eifersüchtig auf ihre Schwester, die zu Füßen Jesu sitzt und ihm gebannt zuhört. Es muss ein sehr harmonisches Bild gewesen sein, eine Einheit von Lehrer und Schülerin. Natürlich war Marta dies ein Dorn im Auge. Sie möchte sich nicht selbst bloß stellen und gleichzeitig will sie Maria aus dieser Einheit mit Jesus herausreißen. Könnte ja sein, dass Jesus widerspricht und sagt: „Marta, lass doch Maria hier bei mir sitzen!"

Also wählt sie einen Umweg, einen scheinbar harmlosen, aber sehr raffinierten Schachzug. Er offenbart zudem, dass sie ihre Schwester nicht als eine ihr gleichberechtigte Person ansieht. Sie spricht nicht mit Maria, sondern mit Jesus, mit dem Meister selbst: „Herr, fragst du nicht danach, dass mich meine Schwester lässt allein dienen?" Sie hofft, mit diesem kleinen Sprengsatz die Gemeinschaft zwischen Jesus und ihrer Schwester zerstören zu können. Gleichzeitig richtet sich ihre Aggression auch noch gegen Jesus, ihren hohen Gast. „Fragst du nicht danach? Kümmert es dich gar nicht, dass Maria hier nur herumsitzt, während ich der Pflicht des Dienens nachkomme?" Sie erwartet von Jesus ein Machtwort. Wenn er es jetzt spricht, hat sie gewonnen, dann hat ihr Marta-Gift die beabsichtigte Wirkung erzielt. Dann hätte sie die Oberhand über ihre Schwester Maria und darüber hinaus sogar noch über Jesus gewonnen. In Wahrheit ist Marta also eine Herrschende im Dienerinnengewand.

Am liebsten würde sie auch noch über Gott herrschen, denn Jesus verkörpert als *der Herr* die Gegenwart Gottes in ihrem Hause.

Damit ist Marta nun wahrlich nicht allein im Hause des Herrn. Viele Dienerinnen und Diener des Herrn und Nachfolger Jesu sind insgeheim angetreten, um zu herrschen. So muss sich jeder, der anderen dient, ob in der Kirche oder anderswo, immer wieder kritisch selbst fragen, wie viel Herrschaftswille und Machtanspruch in seinem Dienst verborgen ist. Es muss ja nicht verwerflich sein, zu dienen *und* zu herrschen, besser gesagt, zu dienen und gleichzeitig eine Führungsrolle einnehmen zu wollen. Man darf etwas zu sagen und zu bestimmen haben, auch im Hause und in der Kirche des Herrn. Gefährlich wird es immer nur dann, wenn Menschen sich ihres Machtanspruches in ihrer eingenommenen Führungsposition nicht bewusst sind und sich scheinheilig im Gewand der Dienenden bewegen.

Der Herr aber antwortete: „Marta, Marta, du hast viel Sorge und Mühe.“ Ich frage mich, in welchem Tonfall Jesus das gesagt haben könnte, ruhig und gelassen oder auch mit einem Hauch von Ärger gewürzt, als Abwehr gegen den Herrschaftsanspruch Martas? Auf jeden Fall stellt Jesus deutlich klar: „*Ich* bin hier der Herr, auch wenn ich zu Gast bin! Als dieser Herr des Lebens sage ich dir, Marta, dass eins not ist.“ Erstaunlicherweise sagt er gar nicht, *was* not ist, er sagt es nur indirekt, indem er hinzufügt: „Maria hat das gute Teil erwählt.“ Sie hat das gute Teil erwählt, weil sie dem Herrn zuhört. Dem Herrn zuhören heißt auf *Worte des Lebens* hören. In diesen Worten des Lebens ist Gott gegenwärtig. Seine Worte können wegweisende Kraft entfalten. Sie führen weder in Sklaverei noch in die Marta-Haltung eines fragwürdigen Dienens. Das lebendige Wort Gottes will Neues in unserem Leben bewirken. Es ist ja gar nicht gesagt, dass Maria untätig bleiben wird. Vielleicht schöpft sie aus der Begegnung mit Jesus die Kraft für noch ungeahnte Aufgaben. Gemeinschaft mit Jesus kann befreien. Sie kann erlösen von Ängsten, Sorgen und Zwängen. Deswegen soll Luther gesagt haben, wenn ein Tag mit viel Arbeit vor ihm lag: „Heute habe ich viel zu tun, darum muss ich heute viel beten.“ Das Gebet schenkt Ruhe und Abstand. Es kann helfen, das ein oder andere auch zu lassen. Es schenkt dem Betenden eine neue Mitte in Gott. Dadurch führt es heraus aus einer verkrampften und verspannten eigenen Mitte. Eine solch unerlöste Mitte kann zu einem Marterpfahl werden, an dem wir festgekettet zu sein scheinen. Auch Marta war in Wahrheit fest angekettet an ihr Haus und an ihre Rolle als Gastgeberin, Dienerin, Herrscherin und ältere Schwester. Sie unterdrückt ihre Schwester und lässt Maria keinen Raum zur Entfaltung ihrer eigenen Persönlichkeit. Vielleicht hatte *niemand* Raum bei ihr, auch nicht der hohe Herr, den sie eingeladen hatte, das ist tragisch und traurig zugleich.

Doch auch Marta steht die erlösende und befreiende Kraft des Herrn in ihrem Hause zur Verfügung. Sie müsste sich nur ganz auf Jesus einlassen so wie ihre Schwester Maria.
Wir kommen Gott im Lassen oft näher als im Tun, gerade dann, wenn wir viel zu tun haben. Das eine, das not ist, besteht jedenfalls nicht aus Arbeit bis zum Burnout und auch nicht aus unermüdlicher Tätigkeit, die bis zur völligen Unzufriedenheit mit uns selbst und zu unserer Ungenießbarkeit für andere führen kann. Im Leben wirklich notwendig ist Hingabe an Gott. Maria lebt uns diese Hingabe vor. Sie erkennt die Bedeutung der Gemeinschaft mit Jesus, der Maria *und* Marta die Ehre gibt, bei ihnen zu Gast zu sein. Marta arbeitet in Wirklichkeit an ihrem Besucher vorbei. Sie müht sich ins Leere hinein, weil sie die Fülle nicht erkennt, die mit Jesus schon als Gast in ihr Haus eingekehrt ist.
Maria hat das gute Teil erwählt, ja das Beste, was ihr im Leben geschehen konnte. Sie ist dem lebendigen Gott in der Gemeinschaft mit Jesus begegnet, und sie hat das einzig Richtige getan. Sie hat inne gehalten. Ihre Augen sahen auf den Herrn, ihre Ohren hörten seine Botschaft. Sie war wach und aufnahmefähig für das, was Jesus ihr zu schenken und zu vermitteln hatte. Maria wird in dieser Begegnung mit Jesus die Kraft einer wunderbaren Verwandlung gespürt haben, von der Marta nichts ahnte.
Deswegen mein Rat an Sie, wenn Ihnen wieder einmal einer dieser Marta-Tage ins Haus steht, Sie gar schon eine Reihe von Marter-Tagen hinter sich haben oder sich wie an einen Marter-Pfahl gefesselt fühlen: „Halten Sie inne, lassen Sie los! Suchen Sie eine Meisterin, einen Meister des wahren Lebens auf. Lesen Sie Worte Jesu, beten Sie. Tun Sie etwas, das gut für Sie ist. Bauen Sie heilsame Unterbrechungen in Ihr Leben ein, wie Maria es getan hat.“ Amen

Verschwendung

Palmsonntag, 17. April 2011

„Als Jesus in Betanien war im Hause Simons des Aussätzigen und saß zu Tisch, da kam eine Frau, die hatte ein Glas mit unverfälschtem und kostbarem Nardenöl und sie zerbrach das Glas und goss es auf sein Haupt. Da wurden einige unwillig und sprachen untereinander: Was soll diese Vergeudung des Salböls? Man hätte dieses Öl für mehr als dreihundert Silbergroschen verkaufen können und das Geld den Armen geben. Und sie fuhren sie an. Jesus aber sprach: Lasst sie in Frieden! Was betrübt ihr sie?

Daraus ergibt sich eine weitere Antwort auf die Frage, ob wir uns heute noch Verschwendung leisten können. Wir können uns keine Verschwendung mehr leisten im Hinblick auf die schonungslose Ausbeutung natürlicher und endlicher Ressourcen. Wir dürfen uns jedoch jederzeit an das verschwenden, was göttlich ist und dem Leben dient! „Gott von ganzem Herzen lieben" (5.Mose 6,5) ist Ziel geistlichen Lebens in jüdisch-christlicher Tradition, in der auch wir noch stehen. „Liebe Gott mit aller Kraft und deinen Nächsten wie dich selbst!" (Lukas 10,27) An diese Aufforderung Jesu kann man sich gar nicht genug verschwenden. Mit dieser Verschwendung ist allen gedient, Gott, unseren Mitmenschen, allen Mitgeschöpfen, der Umwelt und auch uns selbst. Denn der Nächste ist zugleich das Nahestehende, ist alles, was Gott außer einem jeden von uns noch geschaffen hat. Wir sollten also täglich einüben, uns an das zu verschwenden, worüber wir oft zu wenig nachdenken. Wir müssen unter unserer tödlichen Verschwendungssucht wieder *die* Werte und Ziele entdecken, für die es sich einzusetzen und an die es sich zu verschwenden viel mehr lohnt.

Jesus zeigte uns Wege zu humanitärem Einsatz dadurch auf, dass er Menschen selig pries, an die wir nicht genug Gedanken und persönlichen Einsatz verschwenden: Die geistlich Armen, die Leidtragenden, die Sanftmütigen, die nach Gerechtigkeit Hungernden und Dürstenden, die Barmherzigen, die Friedfertigen und die Menschen mit reinem Herzen. (Matthäus 5,1-12) Sie stehen nicht im Mittelpunkt des öffentlichen Interesses. An ihnen richtet sich vieles im Leben nicht aus. Deswegen propagierte Jesus Hingabe an die Werke der Barmherzigkeit: Hungrige speisen, Durstige tränken, Fremde aufnehmen, Nackte bekleiden, Kranke und Gefangene besuchen. (Matthäus 25, 31-46) Jesus verschwendete sich zu Lebzeiten selbst an Werke der Barmherzigkeit. Er ging zu den Armen und Leidtragenden. Er bestärkte Menschen, die in der Geisteshaltung seiner Seligpreisungen lebten.

Dadurch hat er uns einen Zugang zu Kreisläufen der Mitmenschlichkeit eröffnet, denen wir uns öffnen und hingeben können. Wir müssen darüber hinaus lernen, unsere Kraft, unser Wissen, unsere Forschung, unser Kapital in weitere Kreisläufe zu investieren, die nachhaltig dem Leben dienen und uns vor der Zerstörung unserer Lebensgrundlagen bewahren. Es gibt dafür mittlerweile zukunftsweisende Erkenntnisse in Wissenschaft, Forschung und Technik. Sie gehören zu dem Rettenden, das in der Gefahr immer wieder mitwächst. Dieses Rettende wächst deswegen immer wieder mit, weil wir einen Retter haben, mit dem wir jederzeit rechnen können. Jesus war das teuerste Salböl nicht zu schade für sich, weil er wusste, dass er erlösende und rettende Kraft hat. Mit dieser Kraft des Retters und Erlösers ist er in den Tod gegangen.

Seine Macht der Hingabe lässt sich nicht schrecken, auch nicht vom atomaren Wahn und vom drohenden Kollaps unserer heutigen Welt.

Jesus macht Mut, uns *den* Kreisläufen des Lebens hinzugeben, die nicht von der Macht des Todes und vom Sog der Selbstzerstörung bestimmt sind. Dazu gehört für mich auch die Hingabe an das Erfüllende in Kunst, Literatur und Musik. Wir dürfen jeden Tag neu voller Hingabe dem Göttlichen dienen, dem Hilfreichen, Wahren, Schönen und Guten. Kraft dazu können wir aus der Zuversicht schöpfen, dass Hingabe an das Leben aus göttlicher Sicht niemals endet, auch nicht an den Pforten des Todes. Amen

Das Kreuz Jesu, für ihn exklusiv?
Karfreitag, 22. April 2011

„Als sie kamen an die Stätte, die da heißt Schädelstätte, kreuzigten sie Jesus dort und die Übeltäter mit ihm, einen zur Rechten und einen zur Linken. Jesus aber sprach: Vater, vergib ihnen; denn sie wissen nicht, was sie tun! Und sie verteilten seine Kleider und warfen das Los darum. Und das Volk stand da und sah zu. Aber die Oberen spotteten und sprachen: Er hat andern geholfen; er helfe sich selber, ist er der Christus, der Auserwählte Gottes. Es verspotteten ihn auch die Soldaten, traten herzu und brachten ihm Essig und sprachen: Bist du der Juden König, so hilf dir selber! Es war aber über ihm auch eine Aufschrift: Dies ist der Juden König. Aber einer der Übeltäter, die am Kreuz hingen, lästerte ihn und sprach: Bist du nicht der Christus? Hilf dir selbst und uns! Da wies ihn der andere zurecht und sprach: Und du fürchtest dich auch nicht vor Gott, der du doch in gleicher Verdammnis bist? Wir sind es zwar mit Recht, denn wir empfangen, was unsre Taten verdienen; dieser aber hat nichts Unrechtes getan. Und er sprach: Jesus, gedenke an mich, wenn du in dein Reich kommst! Und Jesus sprach zu ihm: Wahrlich, ich sage dir: Heute wirst du mit mir im Paradies sein. Und es war schon um die sechste Stunde, und es kam eine Finsternis über das ganze Land bis zur neunten Stunde, und die Sonne verlor ihren Schein, und der Vorhang des Tempels riss mitten entzwei. Und Jesus rief laut: Vater, ich befehle meinen Geist in deine Hände! Und als er das gesagt hatte, verschied er. Als aber der Hauptmann sah, was da geschah, pries er Gott und sprach: Fürwahr, dieser ist ein frommer Mensch gewesen! Und als alles Volk, das dabei war und zuschaute, sah, was da geschah, schlugen sie sich an ihre Brust und kehrten wieder um.

Es standen aber alle seine Bekannten von ferne, auch die Frauen, die ihm aus Galiläa nachgefolgt waren, und sahen das alles." Lukas 23, 33-49

Liebe Gemeinde,

„es ist vollbracht!" (Joh. 19,30) Die Stille nach der Evangelienlesung hat mir gut getan. Wenn etwas vollendet ist, dann ist es hilfreich, wenigstens einen Moment lang inne zu halten. Denn in dieser Stille rundet sich das Werk, seine Bedeutung ist intensiv und nachhaltig zu spüren. Sie werden dies auch heute Abend nach der Matthäus-Passion erleben können. Für kurze Zeit wird nachhallen, was Johann Sebastian Bach mit seiner Musik zum Ausdruck bringen wollte. Es kann den Eindruck erwecken, als stünde der Meister selbst beim Verklingen der letzten Töne neben seinem Werk und wir vor ihm.

Heute morgen kommt uns Jesus ebenso nahe. Es ist nicht leicht, unter seinem Kreuz zu stehen und die Stille nach seinem Tod auszuhalten. Das Singen nach der Zeit des Schweigens kann erleichtern. Beim Singen nehmen wir wieder, wie zuvor beim Hören, die Rolle der Betrachtenden ein. Wir denken über das Geschehene nach. Es gibt erste Deutungsversuche, wie nach jedem dramatischen Ereignis.

Die Passionszeit war in diesem Jahr von dem breiten Schicksalsstrom der tragischen Ereignisse in Japan durchzogen. In unserer Kirche hat es seinen Ausdruck gefunden in dem Kreuz, das seit dem „Gebet für Japan" am 18. März im Altarraum liegt. Heute nehmen wir Abschied von dieser Station des Gedenkens und der Fürbitte, indem wir uns ein letztes Mal um das Kreuz, die japanische Flagge und einen blühenden Kirschzweig versammeln.

Für mich hat das Gebet für Japan die Frage aufgeworfen, ob das Kreuz Jesu *exklusiv* oder *inklusiv* ist. Kritiker könnten einwenden, dass Japan kein traditionell christliches Land ist und dass demzufolge die japanische Flagge nicht unter das Kreuz gehört, schon gar nicht *auf* das Kreuz. Denn es ist und bleibt das Kreuz Jesu, unseres Erlösers. Aber Jesus wurde nicht als einziger auf das Kreuz gelegt. Unzählige Menschen vor und nach ihm starben im Römischen Reich an diesem Holz des Grauens. „Dort kreuzigten sie ihn und mit ihm zwei andere zu beiden Seiten." (Joh. 19,18) Der Evangelist Matthäus berichtet, dass die beiden Räuber Jesus schmähten. (Matth. 27,44) Es herrschte ein raues Klima an den römischen Kreuzen und in ihrem unmittelbaren Umfeld. Deswegen ist bemerkenswert, was *Lukas* zu berichten weiß. Einer der Verbrecher am Kreuz lästert über den angeblichen König der Juden, der neben ihm hängt. „Bist du es wirklich, dann hilf dir selber!"

Der andere Verbrecher jedoch bringt Klarheit und Wahrheit in die Verhältnisse an den drei Kreuzen. Er weist den Lästerer zurecht und wird dadurch zum Vorbild.

Er identifiziert das Lästern über Jesus als Gotteslästerung, indem er zum Mitgekreuzigten sagt: „Und du fürchtest dich auch nicht vor Gott, der du doch in gleicher Verdammnis bist?“ Darüber hinaus ist er im Angesicht seines nahenden Todes zur schonungslosen Selbsterkenntnis bereit. Er räumt ein, dass er gemeinsam mit dem anderen zu Recht dort am Kreuz hängt. „Denn wir empfangen, was unsere Taten verdienen.“ Im gleichen Atemzug wird er zum Anwalt des unschuldig leidenden Jesus: „Dieser Jesus in unserer Mitte aber hat nichts Unrechtes getan!“ Seine kurzen und prägnanten Sätze sind wie Donnerschläge der von ihm erkannten und in seiner Todesstunde ausgesprochenen Wahrheit. Dieser Mensch nötigt mir noch heute Respekt ab. Sein letzter Satz ist tief in die christliche Frömmigkeit eingedrungen: „Jesus, gedenke an mich, wenn du in dein Reich kommst!“ Die Antwort Jesu darauf klingt wie Engelsgesang hinter noch verschlossenen Pforten des Todes. „Wahrlich, ich sage dir: Heute wirst du mit mir im Paradies sein.“

Lukas erzählt uns in seinem Bericht über die Kreuzigung Jesu *zwei* Glaubensgeschichten. Die eine verläuft *horizontal,* von Kreuzesbalken zu Kreuzesbalken. Sie macht deutlich, dass das Kreuz Jesu kein exklusives Kreuz ist. Jesus hängt nicht allein dort oben, er ist auch nicht sprachlos. Er ist Seelsorger, auch noch im Angesicht des Todes. Er wird nicht allein heimkehren in das Reich Gottes. Der letzte von ihm zu Lebzeiten gerettete Mensch wird an seiner Seite sein, wenn er in die himmlische Herrlichkeit eingeht. Jesus bleibt damit in ungebrochener Solidarität mit den Leidenden dieser Welt. Er stirbt nicht nur für Juden oder Christen den Kreuzestod, sondern für die ganze Welt. Die unzähligen Kreuzes-Stationen vor und nach Jesu Tod dürfen in Deckung gebracht werden mit seinem Kreuz. Denn durch dieses Kreuz versichert er aller Welt, dass kein Mensch in seinem tiefsten und oft sinnlos erscheinenden Leid von Gott verlassen ist. Jesus hatte die Glaubensstärke, selbst noch für seine Mörder vor Gott einzutreten: „Vater, vergib ihnen, denn sie wissen nicht, was sie tun!“ Mit diesen Worten, die Lukas aufgezeichnet hat, beginnt die zweite, die *vertikale* Glaubensgeschichte. Jesus tritt als Sterbender zwischen Gott, seinen Vater im Himmel, und die himmelschreienden Gräueltaten auf Erden. Seine Vergebungsbitte ist universal. Sie entlarvt den Unverstand der Übeltäter und stellt den göttlichen Willen zur Vergebung - selbst des nach unseren Maßstäben Unverzeihlichen - heraus.

Das Dramatische an den Ereignissen in Japan ist ja das untrennbare Ineinander der Zerstörungsmacht von nicht zu beeinflussenden Naturgewalten einerseits und den Folgen menschlicher Verantwortungslosigkeit andererseits.

Es zieht sich ein roter Faden durch die Menschheitsgeschichte. Er zeigt auf, dass in jeder Generation erneut ein großes Unwissen über die wahren Folgen vieler unserer Handlungen besteht. Jesus macht am Kreuz das keinesfalls mehr zu Erwartende möglich. Er eröffnet Perspektiven möglicher Vergebung, selbst noch im Angesicht himmelschreiender menschlicher Ignoranz, Dummheit, Gottlosigkeit und Brutalität. Demzufolge mag Gott uns sogar noch in Jesu Namen den unverantwortlichen Umgang mit seiner Schöpfung verzeihen; mit den bleibenden Folgen jedoch werden wir - und auch noch Generationen nach uns - leben müssen.

Die Passion nach Lukas endet mit Jesu letzten Worten „Vater, ich befehle meinen Geist in deine Hände!“ Mehr Gottvertrauen kann man nicht an den Tag legen und auch nicht mit hineinnehmen in die Nächte der Angst, des Zweifels, der Schmerzen und des Todes. Folgerichtig erkennt der römische Hauptmann, der Heide, unter dem Kreuz: „Fürwahr, dieser ist ein *frommer* Mensch gewesen.“ Er preist Gott über dieser Erkenntnis. Einen frommen Menschen kennzeichnen demzufolge nicht frömmelndes Verhalten, klerikale Enge oder gar fundamentalistische Verbohrtheit und Engherzigkeit. Der fromme Jesus, den der Hauptmann während seines Sterbeprozesses beobachtete, zeichnet sich aus durch seine Weite des Glaubens, die Tiefe seines Mitgefühls und durch seine nicht zu besiegende Glaubensstärke.

So kann sich christliche Frömmigkeit an dem orientieren, was der Evangelist Lukas von den drei Kreuzen her vernommen hat. Auch Lukas verdient ein andächtiges und ehrfurchtsvolles Schweigen vor der kunstvollen Komposition seines wunderbaren Evangeliums. Er lädt uns heute unter dem Kreuz zur Nachfolge Jesu ein, mit der Weite seines Glaubens, der Tiefe seines Gottvertrauens und seiner unfassbaren Vergebungsbereitschaft. Amen

Strahlende Zukunft
Osternacht, 23. April 2011

Liebe Osternacht-Gemeinde,

ich habe mich auf das Licht dieser Osternacht gefreut. Mit der leuchtenden Osterkerze wurde ein kleines Licht in die Dunkelheit der Kirche getragen, doch ein Windstoß hätte ausgereicht, und es wäre wieder finster gewesen. Aber das kleine Licht hat standgehalten. An ihm haben sich nach und nach die anderen Lichter entzündet.

Jetzt ist die Kirche in das warme Licht unzähliger Kerzen getaucht. Es müsste schon ein ziemlich starker Luftzug durch die Kirche wehen, um alle Lichter zum Erlöschen zu bringen. Was wäre gewesen, wenn damals in Jerusalem das Licht der Auferstehung des gekreuzigten Jesus schnell wieder verloschen wäre? Es wäre dann nur ein Strohfeuer der Hoffnung neben vielen anderen gewesen. Nach kurzer Zeit hätte niemand mehr Notiz davon genommen. Doch heute Nacht feiern wir einmal mehr, dass nichts bisher das Osterlicht der Auferstehung Jesu zum Verlöschen gebracht hat. Es hat allen Stürmen und Erschütterungen standgehalten, seine Strahlen leuchten weit!

„Mit Jesus in eine strahlende Zukunft!" hätte der Slogan einer christlichen Werbekampagne zu Ostern sein können. Hätte, liebe Gemeinde, hätte, aber zu welchem Zeitpunkt eigentlich? Bereits 1990, vor 21 Jahren, sang die Musikgruppe „Die Skeptiker": „Strahlend wird die Zukunft sein, hat man uns erzählt, geh'n wir am Atommüll ein, oder wie ist das gemeint? Wer noch einem Gott vertraut, singe sein Gebet, es könnte bald das letzte sein, wenn's so weitergeht." [1] Diese Liedzeilen haben im März traurige Aktualität erhalten, mit einer enormen Zuspitzung der Strahlenwerte.

Die Strahlen ganz anderer Art als das Osterleuchten verlangen für mich auch nach einer Auseinandersetzung mit unserem christlichen Glauben. „Wer noch einem Gott vertraut, singe sein Gebet". Gott sagt: „Rufe mich an in der Not, so will ich dich erretten!" (Ps. 50, 15) Beten in der Not ist wichtig und hilfreich. So sind auch die Gebete für Japan wie ein unsichtbarer Gebetsteppich, der sich um die ganze Welt spannt. Aus diesen Gebeten sind Taten gefolgt und werden weiterhin Aktionen folgen. Auch wir geben unsere Kollekte heute Nacht für die Japanhilfe. Es mag uns wie ein Tropfen auf den heißen Stein vorkommen, nur so wenig in so großem Unglück geben zu können. Aber aus vielen Tropfen kann mit der Zeit ein erstaunlich großer See werden.

Die Lichtstrahlen des Auferstandenen ermutigen zum Gebet, besonders dann, wenn es schwierig wird und wir nicht mehr weiter wissen. Jesus hat es uns am Kreuz vorgemacht. Er ist mit einem Gebet auf den Lippen gestorben: „Vater, in deine Hände befehle ich meinen Geist." (Lk. 23,46) Er hat sein grausames Ende ganz in Gottes Hand gelegt. Zugleich hat er auch seinen Schmerz in Gott hineingeschrien. Auch wir dürfen Gott im Gebet unsere Traurigkeit und unsere Zukunftsangst anvertrauen, gleichzeitig ist Gott auch die Adresse für unsere Wut und Empörung. „Ich werd das Gefühl nicht los, dass man uns bescheißt. Explodieren könnte ich vor Wut, die mich zerreißt." [2]

---

[1] http://www.justsomelyrics.com/1849510/Die-Skeptiker-Strahlende-Zukunft-Lyrics, abgerufen am 2.2.2012

[2] Die Skeptiker, aaO

Gott ist kein Zorn zu groß und zu maßlos. Wir dürfen mit unserer ohnmächtigen Wut zu ihm kommen. Dann müssen wir sie nicht an Menschen - dies geschieht manchmal auf sehr rücksichtslose Weise - auslassen. Wer Gott vertraut, sollte auch bereit dazu sein, gemeinsam mit anderen nach konstruktiven Lösungen für bessere und vor allen Dingen sicherere Wege in die Zukunft zu suchen. Die Lichtstrahlen des Auferstandenen bringen himmlisches Licht in irdische Dunkelheit.

„Gottes Licht scheint durch Jesus in der Finsternis". (Joh. 1,5) Wir bräuchten dieses Licht nicht, wenn es nicht in unserem Leben auf Erden so viel Dunkelheit gäbe. Wir werden gewiss nicht wie ein Strahlemann lächelnd untergehen. Unser eigenes Vernichtungs-potential kann uns eher in Verzweiflung und lähmende Depression versetzen. Ostern kommt jedoch als Gegenmacht zu uns, als hilfreiche göttliche Kraft gegen die fortschreitende Zerstörung unserer Lebensgrundlagen auf dieser Erde. Ostern hat eine Zugkraft, die uns aus dem Morast lähmender Ohnmacht herausziehen kann. „Strahlend wird die Zukunft sein, heißt es alle Zeit. Wer löst die Versprechen ein der Vergangenheit?"[3] Kein Mensch kann diese Versprechen einlösen, doch die österlichen Strahlen lassen Hoffnung aufleuchten. Das Versprechen Jesu bleibt aktuell: „Und siehe, ich bin bei euch alle Tage bis an der Welt Ende." (Matth. 28,20) Ich bin bei euch auch in den Nächten eurer Zukunftsangst und Verzweiflung. „Morgen soll es besser sein, fraglich bleibt nur, wie, wer holt schon die Zukunft ein, man erreicht sie nie." [4]

Jesus jedoch spricht: „Ich bin schon da, im Land der Zukunft, im Reich der Verheißung! Ich bin auch jetzt da, im Schlamassel eurer Gegenwart. Ich bin da für euch mit all euren Nöten und Sorgen, euren Fragen und Zweifeln, euren Ängsten vor einer verstrahlten und verbauten Zukunft. Ich bin aber auch da für euch mit euren Träumen und Wünschen, eurer Sehnsucht nach einer besseren, gerechteren und friedlicheren Welt. Schaut unbeirrt auf das Licht meiner Auferstehung, lasst euch von seinen heilsamen Strahlen erleuchten und inspirieren, vertraut auf den Widerschein dieses Lichtes in unzähligen kleinen Lichtern der Hoffnung, setzt unbeirrt auf die Macht der kleinen Schritte! Sie werden das Große und Ganze an entscheidenden Stellen wandeln." Amen

[3] Die Skeptiker, aaO
[4] Die Skeptiker, aaO

Ostern sprengt Fesseln und überwindet Grenzen

Apostelgeschichte 10, 1-43

Ostermontag, 24. März 2008

Liebe Gemeinde,

„nach dem Spiel ist vor dem Spiel“ gilt für das Fußballspiel. „Nach Ostern ist vor Ostern“ wäre das Ende der ursprünglichen Osterbotschaft, obwohl es vom Jahreslauf her gesehen so ist. Wir gehen auf den Karfreitag 2009 zu, dann folgt Ostern und so fort. Aus dieser Perspektive gesehen können wir Jahr für Jahr nur ein kleines und bescheidenes Osterfest feiern, jeweils eingebunden zwischen zwei Karfreitage. „Im Gestein verloren Gottes Samenkorn, unser Herz gefangen in Gestrüpp und Dorn.“ (EG 98, 3) Verlorenheit kann uns jederzeit ereilen, vor wie nach Ostern. Sie mag verbunden sein mit dem Eindruck der Fruchtlosigkeit vieler unserer Bemühungen.

Doch einmal war es doch *so:* Der Stein war weggewälzt vor des Grabes Tür, das Grab war leer, Lichtgestalten wandelten umher und verkündeten Unglaubliches, Jesus erschien als Auferstandener. Nach Ostern war damals nicht vor Ostern. Es begann vielmehr ein nachösterlicher Weg, der bis heute noch nicht an ein Ende gekommen ist. „Der Herr ist auferstanden, er ist wahrhaftig auferstanden!“ Einmal unterwegs, wurde diese wunderbare Nachricht von Mensch zu Mensch, von Herz zu Herz weitergegeben. Diese Botschaft hat Geschichte gemacht, die Kirche gegründet und die ganze Welt wie ein Sauerteig durchdrungen. Dennoch leuchtet sie bei uns oft nur kurz auf und scheint nicht mehr die Kraft zu haben, uns die Weite eines neuen Horizontes zu erschließen. „Die Glocken läuteten, als überschlügen sie sich vor Freude über das leere grab.“ - „Doch obwohl die Glocken so heftig gegen die Mitternacht hämmerten nichts an Finsternis sprang ab“. [1]

Wie sieht es heute morgen aus? Ist durch das Osterfest und durch die Freude an der Auferstehung Jesu schon etwas von der Dunkelheit der Seele abgesprungen? Ostern soll wirken, sonst macht dieses Fest wenig Sinn. Es offenbart eine Sinnkrise der Osterbotschaft, wenn nach Ostern wie vor Ostern ist.

Doch Geduld, falls die österliche Kraft noch nicht bei Ihnen angekommen ist. Die verwandelnde Macht von Ostern braucht Zeit. Sie hat bei jedem von uns ihre eigene Zeit. Der Auferstandene geht mit jedem von uns im jeweils eigenen Lebenstempo mit. Er begleitet, er überfällt nicht. Er sprengt auch Finsternis erst dann ab, wenn die Zeit dafür gekommen ist. Dann jedoch handelt er ganz gewiss. Es müssen gar nicht die Glocken heftig gegen Mitternacht hämmern, damit Altes und Verkrustetes aufgebrochen wird.

[1] Reiner Kunze, Ostern, in: Reiner Kunze gedichte, 2. Aufl. 2003, Frankfurt am Main

Es reicht manchmal nur ein Hauch der Gegenwart des Auferstandenen und eine Seelenlandschaft verändert sich, ein Verlies wird aufgesprengt, Fesseln werden gelöst. So haben es die Frauen und die Jünger Jesu zu Ostern und *nach* Ostern erlebt, jeder nach seiner Fassungskraft, in seinem eigenen Tempo. Die einen sahen, glaubten, eilten, andere zweifelten, haderten, gingen weg, brauchten Zeit und Begleitung, benötigten das Zuhören anderer, das Erklären, Überzeugen, Brotbrechen. Erst danach erfolgte die Zündung, so dass sie brannten, liefen und eilten, den anderen zu verkünden, dass Jesus lebt. Der Jünger Thomas zweifelte am längsten, wollte Tatsachen begegnen, Wundmale sehen und sie berühren. Jesus ging geduldig darauf ein und ermöglichte letztendlich auch ihm staunenden Glauben, der Thomas zur Anbetung des Auferstandenen führte.

Die Wege des Herrn sind unergründlich, auch seine Wege, auf denen er Menschen mit dem Ostergeheimnis neu begegnet. Wir brauchen Sehnsucht danach, Hunger nach Osterbegegnungen und den Glauben daran, dass sie immer wieder stattfinden, auch mitten in Gestrüpp und Dorn. Petrus hatte nach Ostern, Himmelfahrt und Pfingsten und selbst noch nach den ersten großen Missionserfolgen der jungen Kirche Gestrüpp und Dorn in seinem Herzen in Hinblick auf den Glauben und die Mission der Nichtjuden. Die Heiden waren für ihn als Juden und als Fels der Kirche Jesu Christi immer noch „unrein". Erst eine unappetitliche Vision eröffnete Petrus und damit auch der Kirche neue Perspektiven. Petrus betete, bekam Hunger, wollte essen und geriet plötzlich in Verzückung. Dabei hatte er folgende Vision:

Er „sah den Himmel aufgetan und etwas wie ein großes leinenes Tuch herabkommen, an vier Zipfeln niedergelassen auf die Erde. Darin waren allerlei vierfüßige und kriechende Tiere der Erde und Vögel des Himmels. Und es geschah eine Stimme zu ihm: Steh auf, Petrus, schlachte und iss! Petrus aber sprach: O nein, Herr; denn ich habe noch nie etwas Verbotenes und Unreines gegessen. Und die Stimme sprach zum zweitenmal zu ihm: Was Gott rein gemacht hat, das nenne du nicht verboten. Und das geschah dreimal; und alsbald wurde das Tuch wieder hinaufgenommen gen Himmel." (Apg. 10, 11-16)

Petrus rätselte, was diese Erscheinung bedeuten könnte. Da standen Männer vor der Tür, die ein Engel auf den Weg gebracht hatte. Sie sollten Petrus zum römischen Hauptmann Kornelius bringen. Im Hause des Kornelius ergab alles einen ungeahnt tiefen Sinn. Kornelius war ein gottesfürchtiger Mann. Er hatte gebetet und ein Engel war ihm erschienen. Der sagte ihm, dass er Petrus holen lassen solle, um ihn weitere Schritte auf dem Weg seines Glaubens zu führen.

Auf einmal machte auch die für Petrus zunächst unverständliche Vision von den unreinen Tieren Sinn. Die Bruchstücke fügten sich nahtlos ineinander. Petrus sprach im Hause des Kornelius voller Staunen eine bahnbrechende und zukunftsweisende Erkenntnis aus: „Nun erfahre ich in Wahrheit, dass Gott die Person nicht ansieht; sondern in jedem Volk, wer ihn fürchtet und recht tut, der ist ihm angenehm.“ (Apg. 10,34+35) Von Petrus war die harte Schale seiner Abwehr der Heidenmission abgesprungen. Dies eröffnete der Gemeinde Jesu Christi neue Perspektiven. Die junge Kirche war auf den Weg der Weltmission gebracht, das Heil Gottes durch den Glauben an Jesus Christus bis an die Enden der Erde zu tragen.

Petrus predigt im Haus des Kornelius, gibt den Glauben an Jesus weiter, Jesus von Nazareth, von Gott gesalbt mit Heiligem Geist und Kraft. Er ist im Land und im Volk Gottes umhergezogen, hat Gutes getan und Menschen geheilt. Er wurde ans Holz gehängt und getötet. Doch Gott hat ihn auferweckt und hat ihn seinen engsten Vertrauten erscheinen lassen. Ihnen hat er dann aufgetragen, dem Volk zu predigen und weiterzusagen, dass Jesus zum Richter der Lebenden und Toten bestimmt ist. Durch Jesu Namen und im Glauben an ihn empfangen Menschen Vergebung der Sünden, Heilung, Befreiung und ewiges Leben. Während Petrus diese Kernaussagen des christlichen Glaubens weitergibt, kommt der Heilige Geist auf die Zuhörer. Die bereits vorher gläubig gewordenen Juden, die mit Petrus gekommen waren, entsetzten sich, weil auch auf die Heiden die Gabe des Heiligen Geistes ausgegossen wurde. Da antwortete Petrus: „Kann auch jemand denen das Wasser zur Taufe verwehren, die den heiligen Geist empfangen haben ebenso wie wir? Und er befahl, sie zu taufen in dem Namen Jesu Christi.“ (Apg. 10,47+48)

Ostern sprengt Fesseln und überwindet Grenzen, jede Fessel und jede Grenze zu ihrer Zeit, nie alle auf einmal. Das wäre nicht gut, und wir könnten es auch gar nicht verkraften. Unser Leben verlangt immer wieder neu nach Befreiung. Gott ist mit uns auf dem Weg zur Freiheit seiner Kinder unterwegs. Er führt aus der Enge in die Weite, aus der Dunkelheit ins Licht, aus der Traurigkeit zur Freude, aus dem Grab ins Leben, jedoch nach *seinen* Vorstellungen, gemäß seinem Plan und zu seiner Zeit. Dies entlastet uns und es fordert gleichzeitig unsere Geduld. „Gott, dein Wille geschehe!“ - „Herr, wie du willst, nicht wie ich will!“ - in deinem Tempo, zu deiner Zeit, nach deiner Weisheit und deinem Ratschluss. So ist nach Ostern noch immer Ostern und jeder Tag lädt neu dazu ein, Spuren des Auferstandenen in unserem Leben zu entdecken. Ostern ist im Werden, der Auferstandene ist im Kommen! Amen

„Wer nur den lieben Gott lässt walten"
Sonntag Kantate, 10. Mai 2009

Liebe Gemeinde,
„wer nur den lieben Gott lässt walten" könnte eine Infragestellung des modernen, aufgeklärten Menschen sein. Die durch die Aufklärung freigesetzte Vernunft hat die Menschheit beflügelt, selbst zu schalten und zu walten. In den vergangenen zwei Jahrhunderten hat dies zu weitreichenden Veränderungen und vielfältigen Entwicklungsprozessen geführt. Die Befreiung von der Bevormundung durch weltliche und kirchliche Obrigkeit hat enorme Kräfte freigesetzt. Einerseits hat dieser Befreiungsprozess der Menschheit viel Gutes gebracht, andererseits aber auch die Möglichkeit eröffnet, unsere Lebensgrundlagen auf dieser Erde vollständig zu zerstören. Wir leben am Anfang eines spannenden und spannungsgeladenen Jahrhunderts. Vor uns liegen möglicherweise noch größere weltweite Veränderungen als hinter uns. Inmitten dieses Schaltens und Waltens einer entfesselten Menschheit halten wir als Kirche, halten die Weltreligionen und unzähligen Glaubensgemeinschaften die Gottesfrage wach. Wir haben gelernt: Gott walten zu lassen ist keinesfalls damit gleichzusetzen, die Kirche schalten zu lassen, als sei *sie* bereits das Reich Gottes auf Erden. Menschen sind zu Recht Sturm gelaufen gegen Bevormundung durch kirchliche Obrigkeit. Sie tun es, wo notwendig, auch heute noch mit gleicher Berechtigung im Namen der Freiheit und der Menschenwürde.
Auch das Lied „Wer nur den lieben Gott lässt walten" (EG 369) ist gegen Ende des 19. Jahrhunderts nicht von Kritik verschont geblieben. In einer Parodie aus einem Arbeiterliederbuch von 1894 heißt es: „Wer nur den lieben Gott läßt walten Und zahlet Steuern allezeit, Der wird sich wunderbar erhalten Die Gunst der hohen Obrigkeit. Man weist ihn nicht als Demokrat In heil'ger Scheu hinaus zur Stadt." - „Man bleibe nur in Ehrfurcht stille Und rüge keinen Uebelstand, Wenn man auch deren eine Fülle Im heil'gen deutschen Reiche fand." [1] Es hilft manchmal, sich Luft zu schaffen, indem man das allzu Selbstverständliche in Frage stellt und einen Finger in offene Wunden legt. Dabei ist nichts vor Missbrauch und Entstellung geschützt, auch nicht ein Lied des Glaubens und des Gottvertrauens. Georg Neumark hat sein Lied, zu dem er auch selbst die Melodie schrieb, als Trostlied charakterisiert. Er hat es 1641 im Rückblick auf eigene schwere Zeiten und persönliche Glaubenszweifel geschrieben. Er wollte in Königsberg studieren, wurde aber auf dem Weg dorthin überfallen.

---

[1] http://www.liederlexikon.de/lieder/wer_nur_den_lieben_gott_laesst_walten/editione, abgerufen am 25.2.2012

Aufgrund der Kriegsereignisse im dreißigjährigen Krieg konnte er nicht mehr in seine Heimatstadt Mühlhausen in Thüringen zurückkehren. Er suchte zunächst vergeblich eine Anstellung als Hauslehrer. Nachdem er schließlich in Kiel Unterkunft und Auskommen gefunden hatte, verfasste er das Lied „Wer nur den lieben Gott lässt walten". [2] Vor diesem persönlichen Hintergrund klingt sein Lied ganz anders. Georg Neumark möchte von Mensch zu Mensch, von Christ zu Christ, von glaubender Seele zu glaubender Seele sprechen, singen und predigen, damit seine Hörer ihre eigenen Lebenserfahrungen mit dem Glauben neu verbinden können. Sein Lied lädt weder zu frommer Duldung noch zur Gleichsetzung des Glaubens mit dem Gehorsam gegenüber einer bevormundenden Obrigkeit ein.

Glaube wächst und reift durch Lebenserfahrung, die wiederum zu neuer Glaubens-gewissheit führen kann. Persönliche Lebensberichte und Glaubensbekenntnisse sind und bleiben treue Begleiter und weise Ratgeber auf diesem Weg. Sie bringen zeitbedingte menschliche Erfahrungen in Verbindung mit dem geheimnisvollen und zeitlosen Wirken Gottes. Viele vermeintlich aufgeklärte und mündige Menschen haben das Kind des persönlichen Glaubens mit dem überschäumenden Bade der Vernunft ausgeschüttet. Erstaunlicherweise geblieben ist die Überbetonung des Kindes in der Krippe zu Weihnachten, unter Vernachlässigung des weiteren Lebens- und Glaubensweges des Mannes Jesus von Nazareth. Daraus ließe sich folgern, dass in den Kinderschuhen des Glaubens stecken bleibt, wer dem Kind des persönlichen Glaubens keine Wachstums-chancen einräumt. Wer nicht bereit ist, mit seinem Glauben weit über Weihnachten hinauszugehen, bis hin zu Kreuz, Auferstehung, Himmelfahrt und zum feurigen Wirken des Heiligen Geistes, der ist für den Glaubensweg nicht angemessen ausgerüstet. Erst das, was wir Sonntag für Sonntag im Glaubensbekenntnis konzentriert nach-buchstabieren, macht den ganzen Schuh des Glaubens, mit dem wir dann auch richtig gehen können, selbst auf steinigen, unwegsamen, anstrengenden und gefahrvollen Wegstrecken.

Georg Neumark wusste aus eigener leidvoller Erfahrung von „Not, Traurigkeit, schweren Sorgen, Weh und Ach, beseufzen, Ungemach, Kreuz und Leid und Drangsalshitze." All dies steht für seine dunklen und schmerzhaften Erfahrungen mit den Schrecken und Verletzungen eines Überfalls, mit Tod und Verwüstung in den vom Krieg gezeichneten Gebieten, mit seiner verzweifelten Suche nach Arbeit und Unterkunft.

[2] http://de.wikipedia.org/wiki/Wer_nur_den_lieben_Gott_läßt_walten, abgerufen am 25.2.2012
Siehe auch: http://kirchensite.de/index.php?myELEMENT=136665, abgerufen am 25.2.2012

In dieser „Drangsalshitze“ hatte er sich zeitweise von Gott völlig verlassen gefühlt, hatte aber dennoch an ihm festgehalten und Gott in seiner Verzweiflung um Hilfe angerufen. Erst nachdem er das Schlimmste hinter sich hatte, konnte er deutlich erkennen, wie sehr er in größter Not von Gott bewahrt worden war. Er hatte erfahren, dass Gottes Hilfe sehr zielgerichtet ist, auch wenn *wir* das Ziel noch lange nicht kennen. Diese Glaubenserkenntnis möchte er froh, dankbar und staunend weitergeben. Seine hellen und dankbaren Worte quellen aus der Tiefe seiner Seele empor. „Wunderbar erhalten, mit Glauben und Gottvertrauen auf keinen Sand gebaut. Gott weiß, was wirklich fehlt. Wir müssen nur ein wenig stille halten und ihm unsere Sorgen anvertrauen,“ das hilft und es wirkt. Es führt zu wunderbaren Wandlungen im Leben. Plötzlich haben die „Freudenstunden“ wieder ihren Raum, denn Gott schenkt Gutes, ist ein „Wundermann“. Mit der letzten Strophe des Liedes rät Neumark jedem, der diese Glaubenserfahrungen mit ihm teilen möchte: „Sing, bet und geh auf Gottes Wegen“, im tiefen Vertrauen auf seine Wundermacht. Bleib dem Deinen treu, deinem Leben, deinen Aufgaben, deinen Verpflichtungen, deinen Freuden, deinem von Gott bestimmten Lebensweg! Vertrau dabei dem Segen des Himmels über dir und der Kraft der Erde unter dir, so wirst du immer wieder Gottes wunderbare Kraft der Bewahrung des Lebens und Erneuerung des Glaubens spüren. Setze deine Zuversicht unbeirrt auf Gott, ganz egal, in welcher Zeit du lebst und wie die Überzeugungen der anderen sein mögen, Gott wird dich niemals verlassen! Du wirst es erfahren und kannst dann deine eigene Glaubensgeschichte erzählen und bekennen: „Denn welcher seine Zuversicht auf Gott setzt, den verlässt er nicht!“ Amen

Aus den Augen, aus dem Sinn
Himmelfahrt, 13. Mai 2010

Liebe Gemeinde,

„aus den Augen, aus dem Sinn“ - wenn man sich nicht mehr sieht, kann man einander leicht vergessen. Bei flüchtigen Kontakten ist dies oft der Fall, bei Freundschaften hingegen ist es anders. Sobald ein Vertrauensverhältnis zu einem anderen Menschen besteht, verlieren wir unser Gegenüber nicht so schnell wieder aus dem Sinn. Es geschieht dann anderes, das geheimnisvoll und wunderbar ist. Du spürst schon bei der ersten Begegnung mit bestimmten Menschen das Besondere.

Es geht in die Tiefe, lässt dich nicht mehr los, oft ein Leben lang nicht. Stellen Sie sich Menschen vor Augen, die Sie zwar nicht jeden Tag sehen, die Ihnen aber bisher niemals aus dem Sinn gegangen und mit denen Sie bereits über Jahre oder Jahrzehnte hin tief verbunden sind. Mit einigen von ihnen mag es Ihnen so ergehen, dass Sie an sie denken und bald darauf melden sie sich oder Sie treffen sich ‚zufällig'. Es ist faszinierend, wie viel uns mit Menschen verbinden kann! Die freundschaftlichen Bindungen an andere gehören zu den größten Schätzen im Leben. Die liebevolle Gemeinschaft mit *Gott* ist der größte Schatz des Glaubens! Wer mit Gott nach der Devise „aus den Augen, aus dem Sinn" umgeht, hat eines der größten Geheimnisse des Lebens noch nicht erfasst. Gott ist ewige Gegenwart! Dies ist für die Augen nicht erkennbar, wohl aber für unsere Seele. Deswegen hat Jesus zum zweifelnden Jünger Thomas gesagt: „Selig sind, die nicht sehen und doch glauben!" (Joh. 20,29)
Heute feiern wir „Christi Himmelfahrt". Für manche mag dies „aus den Augen, aus dem Sinn" bedeuten. Denn Jesus wurde aufgehoben, „eine Wolke nahm ihn auf vor ihren Augen weg." (Apg. 1,9) Sie sahen ihm nach, wie er gen Himmel fuhr. Vielleicht hatten bereits seine ersten Nachfolger Angst, dass Jesus ihnen auch aus dem Sinn entschwinden könnte, wo er doch nicht mehr zu sehen war. Es waren damals zwei Engel in weißen Gewändern notwendig, die den Blick der Zurückbleibenden zu Neuem lenken mussten. Die Engel sagten: „Ihr Männer von Galiläa, was steht ihr da und seht zum Himmel? Dieser Jesus, der von euch weg gen Himmel aufgenommen wurde, wird so wiederkommen, wie ihr ihn habt gen Himmel fahren sehen." (Apg. 1,11) Doch noch immer hätte eine ängstliche Frage lauten können: „Was machen wir denn in der Zwischenzeit?" Jesus hatte ihnen eine große Verheißung hinterlassen und einen klaren Auftrag gegeben: „Ihr werdet die Kraft des Heiligen Geistes empfangen, der auf euch kommen wird, und werdet meine Zeugen sein in Jerusalem und in ganz Judäa und Samarien und bis an das Ende der Erde." (Apg. 1,8)
„Zeuge sein" bedeutet, möglichst genau wiederzugeben, was man erlebt und sich eingeprägt hat. Es ist nicht leicht, ein zuverlässiger Zeuge zu sein, denn die Macht des Vergessens, der Verdrängung und Verzerrung ist groß. Die Macht der Verzerrung unserer Glaubensgrundlagen erkennen wir in diesen Tagen am zweiten ökumenischen Kirchentag in München. Bei allen Verständigungsbemühungen ist es ein großes Ärgernis, dass katholische und evangelischen Christen nicht gemeinsam Abendmahl feiern können. Um so erstaunlicher ist es, dass wir heute morgen versammelt sind, uns gemeinsam erinnern an das, was damals geschah und bis heute präsent ist.

Jesus hat sich mit seinem Wirken, seinem Leiden, seinem Tod, seiner Auferstehung und seiner Himmelfahrt so tief in das Bewusstsein der Menschheit eingeprägt, dass jeder von uns das Wesentliche davon in seinem Sinn haben kann, auch wenn wir Jesus nicht sichtbar vor Augen haben.

Jesus hat immer noch eine enorm prägende Wirkung. Können Sie sich noch daran erinnern, wie sich Ihnen das Wirken Jesu eingeprägt hat? Bei mir waren es die Kindergottesdienste, der Religionsunterricht, der Kirchenraum und religiöse Lieder, die mich in der Kindheit am stärksten geprägt und bleibende Spuren hinterlassen haben. Später kam weiteres hinzu, das an diese erste Prägung anknüpfen konnte. Jesus hat damals seine Jünger geprägt. Er hat sich ihnen in der kurzen Zeit seines Wirkens unauslöschlich in die Seele eingebrannt. Sein Tod schien für kurze Zeit alles in Frage zu stellen, doch mit seiner Auferstehung war die Prägung besiegelt. Sie musste danach noch haltbar gemacht werden. Jesus zeigte sich den Aposteln „nach seinem Leiden durch viele Beweise als der Lebendige und ließ sich sehen unter ihnen vierzig Tage lang und redete mit ihnen vom Reich Gottes." (Apg. 1,3) Durch diese Sichterweise hat er die Apostel auf ihre große Mission vorbereitet, die nach dem Pfingstfest beginnen sollte. Sie mussten dafür gerüstet sein, die Botschaft vom Reich Gottes auch gegen Widerstände in die Weite der Welt zu tragen. Es hat tatsächlich gewirkt und es wirkt immer noch. Wir haben als Kirche Jesu Christi eine Botschaft, die bisher von Generation zu Generation weitergeben worden ist. Sie hat jeden von uns erreicht, sonst säßen wir jetzt nicht gemeinsam im Gottesdienst. Die Essenz dieser Botschaft ist wie ein Zellkern in jeder Zelle der weltweiten Christenheit lebendig. Das ist tröstlich und es schenkt uns trotz aller Grenzen und Zerwürfnisse Hoffnung, auch für den ökumenischen Kirchentag in München und die ökumenische Bewegung.

Es wird auch uns gelingen, die Botschaft Jesu vom Reich Gottes an die nächste Generation weiterzugeben, da bin ich mir ganz sicher! Unsere Konfirmandinnen und Konfirmanden haben in diesem Jahr vor der Konfirmation aufgeschrieben, was christlicher Glaube und Kirche für sie persönlich bedeuten und was sie für ihr weiteres Leben nach der Konfirmation mitnehmen. Hier einige ihrer Antworten auf die drei Fragen:

1. „Was bedeutet der christliche Glaube für mich?" *Frieden, Ehrlichkeit – Hilfe von Gott im Leben – dass man Gott näher kommt, Gemeinschaft – eine Möglichkeit, die Zukunft, die Gegenwart und die Vergangenheit zu erkennen und zu durchleben*

2. „Was bedeutet Kirche für mich?" *Man versammelt sich, singt Lieder und redet über Gott - Gottesdienste, Lieder mit der Gemeinde singen, Haus Gottes, Thomas-Messe - Hilfe, Erleuchtung, Ruhe - Haus der Zuflucht*

- ein Moment, um Probleme zu vergessen, zum Klardenken und Durchatmen - eine Gemeinschaft, die sich gegenseitig hilft und zusammenhält, egal, wie groß die Unterschiede sind

3. „Was nehme ich für mein weiteres Leben mit?“ *Die Sachen, die wir im Konfer gelernt haben - ich bin in der Kirche willkommen und kann zu ihr kommen, wenn ich in Not bin - Freundschaft und Gemeinschaft sind wichtig für das weitere Leben - man ist in der Kirche, egal, wie man ist oder was man ist, willkommen - Gott ist jederzeit für einen da - dass es in der Kirche eine Gemeinschaft gibt, die ich sonst nirgendwo bemerkt habe und das ist wundervoll !*

Dieses „wundervoll“ aus der Feder eines Konfirmanden hat mir gut getan und er war auch ganz stolz darauf, dass er mit seiner Aussage im Konfirmationsgottesdienst vorkam, ohne namentlich genannt werden zu wollen. Ja, wundervoll ist, dass wir „Kirche“ noch haben: als weltweite Gemeinschaft - zur Vermittlung des Glaubens - als Hilfsorganisation - mit vielen Kirchengebäuden, deren Schätzen und besonderer Ausstrahlung - mit Kirchenmusik, Gesang und Klang - zur Weitergabe von Werten und Herstellung von historischen Bezügen - mit ihrer Rückbindung an den Glauben Israels, durch den wir gemeinsam Gott als Schöpfer der Welt preisen.

Wir haben mit dem Psalmgebet zu Beginn des Gottesdienstes proklamiert: „Gott ist König über die ganze Erde; Gott ist König über die Völker, lobsinget, lobsinget Gott, lobsinget, lobsinget unserm Könige”. (Psalm 47,7+8) Dies haben auch die Jünger Jesu nach seiner Himmelfahrt getan. Sie haben sich gefreut! Sie beteten nicht nur den Gott ihrer Väter als König im Himmel an, sondern auch den Herrn Jesus Christus, der seinen Platz neben Gott auf seinem himmlischen Thron eingenommen hatte.

Sie „kehrten zurück nach Jerusalem mit großer Freude und waren allezeit im Tempel und priesen Gott.“ (Lk. 24,52+53) Es ist wundervoll, Gott loben und preisen zu können. Natürlich ist deswegen noch lange nicht alles wundervoll in dieser Welt. Manches ist ganz im Gegensatz dazu einfach grauenvoll. Wir hören davon jeden Tag aufs neue. ‚Wundervoll’ gibt es wie Medikamente nur in kleinen Dosierungen, denn die Dosierung macht das Arzneimittel - zu viel kann schaden und zu wenig nicht helfen. Himmelfahrt ist wundervoll, weil es eben nicht „aus den Augen, aus dem Sinn“ heißt, sondern „aus dem Himmel mitten in unser Leben hinein.“ Christi Himmelfahrt verbindet das Reich der Himmel mit unserem Leben auf Erden und seinen Licht- und Schattenseiten.

„Den Beweis der Unsterblichkeit muß jeder in sich selbst tragen, außer dem kann er nicht gegeben werden. Wohl ist alles in der Natur Wechsel, aber hinter dem Wechselnden ruht ein Ewiges.“ [1] Himmelfahrt möchte uns einprägen, dass wir mit dem Ewigen untrennbar verbunden sind durch unseren Herrn und Bruder Jesus Christus, und das ist *wundervoll !* Amen.

Burnout, Burnin

Pfingstsonntag, 12. Juni 2011

Johannes 16, 5-15

Liebe Gemeinde,
es gibt Abschiede, die es in sich haben. Leben ist ein Kommen und Gehen, daran haben wir uns gewöhnt. Doch wenn es um das Verlassen dieser Welt geht, versagen zumeist unsere Lebensweisheiten. Es gibt keine Versicherung unserer Gefühle gegen Abschiedsschmerzen. Abschiede tun weh, sie müssen erlitten werden. Kein Weg führt um den Schmerz herum. Auch die vermeintliche Kunst der Verdrängung hilft nicht weiter. Denn mit der Unterdrückung von Schmerzen werden auch Gefühle, wie Sehnsucht, Freude und Liebe, unterdrückt. Jesus hat dies beherzigt, er hat sein Gehen vor seinen Jüngern nicht verborgen, hat es ihnen wiederholt angekündigt, auch wenn sie es nicht hören wollten.

Menschen, die ihren bevorstehenden Tod spüren, senden Signale aus, geben uns Hinweise. Doch Angehörige wollen es oft nicht wahrhaben, sie überhören die Signale. „Es wird schon wieder, du wirst noch nicht sterben.“ „Sag doch so etwas bloß nicht!“ Jesus hat nicht nur Hinweise gegeben, er hat sein Leiden wie seinen Tod angekündigt und „Abschiedsreden“ gehalten. Auf seine erste Leidensankündigung hin nimmt Petrus Jesus beiseite und fährt ihn an: „Gott bewahre dich, Herr! Das widerfahre dir nur nicht!“ Daraufhin hält Jesus ihm entgegen: „Geh weg von mir, Satan! Du bist mir ein Ärgernis; denn du meinst nicht, was göttlich, sondern was menschlich ist.“ (Matth. 16,22+23) Göttlich ist Kommen und Gehen, Leben und Sterben, Begrüßen und Abschiednehmen. Menschlich ist es, festhalten zu wollen, den Status quo zu sichern, Veränderungen zu scheuen, das Abschiednehmen und den Tod zu verdrängen. Nach der zweiten Leidensankündigung (Matth. 17,22+23) werden die Jünger „sehr betrübt.“

---

[1] Johann Wolfgang von Goethe, in: Trost bei Goethe, 29.-34. Aufl., Wien, Leipzig, 1937

Die Nachricht ist angekommen und zur Seele durchgedrungen. Es ist normal, traurig und betrübt zu sein, wenn es um das endgültige Abschiednehmen geht. Aus diesem Grund stellte der Evangelist Johannes die „Abschiedsreden Jesu“ zusammen. Ihnen sind drei Kapitel gewidmet. (Joh. 13,31-16,33) Doch bei Johannes stehen Abschied und Sterben Jesu bereits unter dem Vorzeichen seiner Verherrlichung. Deswegen sind die Abschiedsreden keine Trauerreden, sondern Trost- und Stärkungspredigten im Angesicht des nahenden Todes Jesu.

Glaube und Liebe bilden eine Brücke über das Tal seines Todes: „Euer Herz erschrecke nicht! Glaubt an Gott und glaubt an mich!“ (Joh. 14,1) „Ein neues Gebot gebe ich euch, dass ihr euch untereinander liebt, wie ich euch geliebt habe, damit auch ihr einander lieb habt. Daran wird jedermann erkennen, dass ihr meine Jünger seid, wenn ihr Liebe untereinander habt.“ (Joh. 13,34+35) Im Angesicht des Todes wird Leben wesentlich. Wer Sterbende begleitet, spürt am Abgrund des Todes die Glut der Liebe. Es kann sich anfühlen, als stünde man am Rande eines Vulkankraters, in dem glühendes Magma brodelt. Jesus baut am Rande des Todeskraters eine Brücke zum Himmel: „Es ist noch eine kleine Zeit, dann wird mich die Welt nicht mehr sehen. Ihr aber sollt mich sehen, denn ich lebe, und ihr sollt auch leben.“ (Joh. 14,19) Liebe am Abgrund des Todes fordert uns bis an die Grenzen unserer Kraft und manchmal auch noch weit darüber hinaus. Aber wir reifen an dieser kräftezehrenden Erfahrung. Wir wachsen einer anderen Welt entgegen. Dort wird der Tod keine Macht mehr über uns haben. Im Leiden der Liebe liegt bereits ein Keim der Ewigkeit verborgen. Aus diesem Grund sagt Jesus: „Wer mich liebt, der wird mein Wort halten“, mein Wort des *Lebens,* „und mein Vater wird ihn lieben, und wir werden zu ihm kommen und Wohnung bei ihm nehmen.“ (Joh. 14,23)

An der Nahtstelle zwischen Tod und Leben kommt die Kraft des Heiligen Geistes ins Spiel. Der Heilige Geist ist der Libero im göttlichen Spiel des Lebens. Er kann jederzeit Felsklüfte überbrücken, die durch das Gegeneinander von Tod und Leben, Kommen und Gehen aufbrechen. Jesus kündigte seinen Nachfolgern einen kräftezehrenden Kampf des Glaubens an: „Jetzt aber gehe ich hin zu dem, der mich gesandt hat.“ Ich steige aus dem irdischen Kampf zwischen Leben und Tod endgültig aus. „Und niemand von euch fragt mich: Wo gehst du hin? Doch weil ich das zu euch geredet habe, ist euer Herz voll Trauer.“ (Joh. 16,5+6) Natürlich ist es voller Trauer, weil Herzen auf Erden festhalten wollen, auch festhalten *müssen,* wenn die Liebe es gebietet. Ein Herz, das vorschnell loslässt, kommt nicht schneller in den Himmel. Es vermeidet den Kampf um das Bleiben. „Aber ich sage euch die Wahrheit,“ sagt *er*, der durch sein Gehen Gottes ewige Herrlichkeit aufleuchten lässt. „Es ist gut für euch, dass ich weggehe.“ (Joh. 16,7)

Wie könnte jemals gut für uns sein, was so höllisch weh tut und uns das Herz zerreißt? Wie sollen wir diese Abschiedsworte Jesu verstehen? Es ist doch niemals gut, wenn ein geliebter Mensch stirbt. „Es ist gut, dass ich weggehe“ ist eine exklusive Aussage Jesu, sie gebührt ihm allein. „Denn wenn ich nicht weggehe, kommt der Tröster nicht zu euch,“ (Joh. 16,7) der selbst dann noch trösten kann, wenn wir untröstlich sind.

So feiern wir heute den Heiligen Geist stiller und bescheidener als beim ersten Pfingstfest in Jerusalem. Er fegt nicht als Sturmwind durch unsere Kirche, setzt sich nicht wie Feuerflammen auf unsere Häupter. Er kommt vielmehr wie ein stilles, sanftes Säuseln, das der Prophet Elia bei seiner Gottesbegegnung nach Feuer, Sturm und Erdbeben zu spüren bekam. (1. Könige 19) In der Stille und mit Sanftmut nahte sich der Herr. So naht sich auch der Heilige Geist als Tröster nicht mit machtvollen Worten und heldenhaften Gesten. Er kommt vielmehr zu uns wie ein Mensch, der Vollmacht hat, uns zu trösten. Es gibt nur wenige Menschen, die *uns* trösten können, wenn wir Trost brauchen. Wohl dem, der einen menschlichen Tröster hat, wenn es darauf ankommt. Jeder von uns sollte einmal darüber nachdenken, wer unser Tröster, unsere Trösterin sein könnte, wenn wir Trost brauchen. Zu wem würden Sie gehen? Jesus sagt, dass der Heilige Geist uns die Augen auftun wird, doch dazu müssen wir uns unseren blinden Flecken stellen. Jesus kündigte an, dass er seinen Nachfolgern noch viel zu sagen hätte. „Aber ihr könnt es jetzt nicht ertragen“, (Joh. 16,12) sagte er vor seinem Abschied.

Wer fragt noch danach, was Jesus uns durch die Kraft des Heiligen Geistes zu sagen hat? In unseren Kirchengemeinden stellen wir viele Fragen, doch „geistliches Fragen“ hat Seltenheitswert und vielleicht müssten wir es neu lernen. „Wenn aber jener, der Geist der Wahrheit, kommen wird, wird er euch in alle Wahrheit leiten. Denn er wird nicht aus sich selber reden; sondern was er hören wird, das wird er reden, und was zukünftig ist, wird er euch verkündigen.“ (Joh. 16,13) Es gibt demzufolge geistliche Wahrheiten, die wir noch nicht kennen, sie müssen uns erst noch aufgezeigt werden. Vielleicht sind wir aus Angst nicht mehr offen für Wahrheiten des Geistes, aus Angst vor Niedergang des Glaubens, vor eigenem Versagen und davor, dass die Kirche weder Wirkungsmacht noch Zukunftskraft mehr hat. Mit dieser Angst im Nacken überfordern sich viele Haupt- und Ehrenamtliche in unseren Gemeinden. Das Burnout-Syndrom nimmt, auch in kirchlichen Kreisen, in erschreckender Weise zu. Deswegen sollten wir immer wieder Lauschpausen einlegen, um auf *die* Wahrheiten zu hören, die der Geist Gottes uns mitteilen möchte. Diese Atempausen könnten dann zu einem Burn-in statt zu einem Burn-out führen. Es wird uns durch Gottes Geist eingebrannt, was uns neue Schritte wagen lässt.

Mitten in unseren Ängsten kann so der Heilige Geist als Libero Gottes ins Spiel kommen und uns sagen: „Ich bin so frei, euch zu befreien und vermittle euch Einsichten und Wahrheiten, auf die ihr von selbst gar nicht mehr gekommen wäret, verlasst euch darauf!" Amen

Heimat in der Fremde
Zweiter Sonntag nach Trinitatis, 13. Juni 2010

"Christus ist gekommen und hat im Evangelium Frieden verkündigt euch, die ihr fern wart, und Frieden denen, die nahe waren. Denn durch ihn haben wir alle beide in einem Geist den Zugang zum Vater. So seid ihr nun nicht mehr Gäste und Fremdlinge, sondern Mitbürger der Heiligen und Gottes Hausgenossen, erbaut auf den Grund der Apostel und Propheten, da Jesus Christus der Eckstein ist, auf welchem der ganze Bau ineinander-gefügt wächst zu einem heiligen Tempel in dem Herrn. Durch ihn werdet auch ihr miterbaut zu einer Wohnung Gottes im Geist." Epheser 2, 17-22

Liebe Gemeinde,
"Fremde Heimat Kirche" ist die dritte Erhebung der Evangelischen Kirche in Deutschland über Kirchenmitgliedschaft überschrieben. Die Überschrift zeigt auf, dass Kirche noch immer von vielen als Heimat empfunden wird, anderen hingegen fremd bleibt. In diesem Gottesdienst wurden sieben Kinder getauft, ein großes Ereignis für die Familien und auch für uns als Gemeinde. In Taufgottesdiensten schwingt vieles mit, das sich schwer in Worte fassen lässt. „Voller Freude über dieses Wunder, unser Neugebornes auf den Armen, kommen wir zu dir: Du gabst uns Leben. Staunend hören wir: Du bist ganz nahe." (EG 212) An diese Nähe Gottes können viele nicht glauben. Dabei ist er niemals weit entfernt von uns. Die Kinder lassen uns seine Nähe spüren. Wer ein kleines Kind in den Armen hält, spürt in seinem Herzen intensiv die Nähe dieses Kindes. Darin ist die Nähe Gottes verborgen. Aus diesem Grund hat Jesus die Kinder an sein Herz gedrückt, sie gesegnet und gesagt: „Wer das Reich Gottes nicht empfängt wie ein Kind, der wird nicht hineinkommen." (Markus 10,15) Kinder öffnen eine Pforte zum Reich Gottes. Dafür können wir ihnen sehr dankbar sein. „Deine Liebe wirkt die neue Schöpfung, öffnet, die sonst fest verschlossen wären, eint im Glauben uns mit deinem Christus." (EG 212)

Staunen, Freude und Dankbarkeit können uns für die neue Schöpfung Gottes öffnen. Sie entsteht aus seinem lebendigen Geist der Liebe, doch davor verschließen sich viele. So bleibt ihnen nicht nur Kirche fremd, sondern auch ein lebendiger Glaube an Gott und eine freundschaftliche Beziehung zu Christus. Taufen sind auch deswegen so wertvoll, weil sie uns Jesus auf besondere Weise nahe bringen. Er hat uns beauftragt zu taufen, den Glauben an ihn von Generation zu Generation weiterzugeben, und damit eine weltweite christliche Gemeinschaft zu schaffen.

Der heutige Predigttext möchte uns dies mit dem Bild vom Hausbau veranschaulichen. Jedes Haus hat ein Fundament, auf dem es fest stehen kann. Das Fundament der Kirche ist Jesus Christus. Er ist gleichzeitig auch der Eckstein, auf dem weitergebaut werden kann. Wer an Christus glaubt, ist ein lebendiger Stein im geistlichen Gebäude seiner Kirche. Sie ist eine bunte, weltweite Gemeinschaft und die Taufe sagt uns: „Auch du gehörst dazu!“ Im Predigttext steht das alte Wort „Hausgenossen“. Wir würden heute „Mitbewohner“ sagen. Wer an Jesus glaubt und getauft worden ist, wird Mitbewohner im Haus Gottes. Für mich gehören auch *die* Menschen bereits dazu, die noch nach Glauben suchen und Sehnsucht haben nach Heimat bei Gott. Jesus hat gesagt: „Suchet, so werdet ihr finden!“ (Matth. 7,7) Wer Heimat bei Gott sucht, wird sie finden! Wer allerdings fremd bleiben, mit Gott weiterhin fremdeln möchte, den wird er nicht in sein Haus zwingen. Glaube und Kirche wollen niemandem als Heimat aufgezwungen werden. Deswegen können auch wir nur immer wieder zum Glauben einladen und weitergeben, was uns anvertraut worden ist.

Der Predigtext formuliert es so: „Christus ist gekommen und hat im Evangelium Frieden verkündigt euch, die ihr fern wart, und Frieden denen, die nahe waren. Denn durch ihn haben wir alle beide in einem Geist den Zugang zum Vater.“ Frieden ist eine wichtige Voraussetzung für gelingendes Leben - Frieden in unserer Seele, Frieden im Miteinander, Frieden in der Welt. Wer mit sich selbst oder mit anderen im Streit lebt, kann nicht zu einer Ruhe kommen, in der man sich Gott nahe fühlt. Es gibt aber auch viele, für die die Nähe Gottes eine Selbstverständlichkeit ist. Wenn sie hören, wie nahe Gott sein kann, fühlen sie sich sogleich wieder bestärkt in ihrem Glauben und sagen: „Ja, du hast recht. Ich spüre oft in meinem Leben, wie nah mir Gott sein möchte. Es gibt zwar auch Zeiten, in denen Gott mir fremd ist, er scheint dann weit weg zu sein. Doch irgendwann kommt er wieder auf mich zu und ist mir auf wunderbare Weise nahe. Ich fühle mich dann wie ein neugeborenes Kind in Gottes Armen.“ Je älter wir werden, desto mehr spüren wir: „Unsre Zeit kommt bald an ihre Grenze, aber deine Taufversprechen bleiben. Wir verlöschen. Deine Kerze leuchtet.“ (EG 212)

Die Taufkerzen sind ein Zeichen für das ewige Licht Gottes. Wir haben sie an der Osterkerze entzündet und dabei Jesu Worte gehört: „Ich bin das Licht der Welt. Wer mir nachfolgt, der wird nicht wandeln in der Finsternis, sondern wird das Licht des Lebens haben." (Joh. 8,12) In der Finsternis sein bedeutet fremd sein - sich selbst, anderen, Gott, dem Leben entfremdet. Viele irren umher, suchen und fragen nach Sinn, Zweck und Ziel ihres Lebens. Sie finden keine befriedigende und befreiende Antwort. Wir aber haben eine Antwort: Gott, „du bist reicher, als wir sagen können. Hilf uns, dass wir aus der Taufe leben, staunend, unerschrocken, voller Freude." (EG 212)

Taufe möchte uns das Staunen neu lehren, staunen über das Geschenk neuen Lebens, voller Freude an dem, was die Kinder uns schenken. Kinder bereichern unser Leben, auch wenn es manchmal anstrengend sein mag, Kinder zu erziehen. Doch Kinder verkörpern Lebendigkeit und Zukunft, sie sind Botschafter des Reiches Gottes, denn Gott ist Leben und Zukunft. Wir laden ein, darauf zu vertrauen, damit aus Fremden Freunde werden. So bewahren wir den Traum, dass Kirche Heimat in der Fremde sein kann. Amen

Der verlorene Vater - frei nach Lukas 15, 11-32

3. Sonntag nach Trinitatis, 12. Juni 2005

Liebe Gemeinde,

es war ein Vater, der hatte zwei Söhne. Eines Tages sprach er zu seinen Söhnen: „Zahlt mir doch mein Altenteil aus und verkauft mein kleines Häuschen. Ihr bewirtschaftet mit Erfolg den großen Hof. Ich möchte auf meine alten Tage noch etwas vom Leben haben und von der Welt sehen." Seine Söhne wunderten sich sehr und zahlten ihm sein Altenteil aus. Nicht lange danach begab sich der alte Vater auf Reisen, gemeinsam mit der Witwe eines einstigen Freundes, seine eigene Frau war vor Jahren gestorben. Diese Witwe des zu Lebzeiten wohlhabenden Freundes war sehr anspruchsvoll und bald war das gesamte Geld verprasst. In einem fremden Land, fern der Heimat, starb die Frau plötzlich an Herzversagen. Der Erlös ihres eilig verkauften Schmuckes reichte gerade noch für ein einfaches Begräbnis. Da saß der alte Mann nun, einsam und verarmt. Er schaute auf die verschmutzten Straßen einer großen, fremden Stadt.

Er ging in sich und sprach: „Wie schön ist es doch zu Hause auf meinem Hof. Säße ich jetzt in meinem Garten, mein Blick könnte zufrieden über die Felder schweifen. Mein Haus ist zwar verkauft, meine Rechte sind verloren, aber es gibt doch so viele Tagelöhner dort. Ich könnte in einer ihrer Kammern schlafen und mich auf dem Hof noch ein wenig nützlich machen auf meine alten Tage. Ich will mich aufmachen und zu meinen Söhnen sprechen: Kinder, ich habe gesündigt gegen den Himmel und vor euch. Ich bin hinfort nicht mehr wert, dass ich euer Vater heiße, macht mich zu einem eurer Tagelöhner."

Und er machte sich auf den Heimweg zu seinen Söhnen. Als er aber noch weit entfernt war, sah ihn sein jüngerer Sohn, und es jammerte ihn. Er lief, fiel ihm um den Hals und küsste ihn. Der Vater aber sprach zu ihm: „Mein Sohn, ich habe gesündigt gegen den Himmel und vor euch; ich bin hinfort nicht mehr wert, dass ich euer Vater heiße." Aber der Sohn sprach zu den Knechten: „Bringt schnell das beste Gewand her und zieht es ihm an und gebt ihm einen Ring an seine Hand und Schuhe an seine Füße und bringt das gemästete Kalb und schlachtet's, lasst uns essen und fröhlich sein. Denn dieser unser Vater war tot und ist wieder lebendig geworden, er war verloren und ist gefunden worden." Und sie fingen an, fröhlich zu sein.

Aber der ältere Sohn war auf dem Feld. Als er zum Hause kam, hörte er Singen und Tanzen, rief zu sich einen der Knechte und fragte, was das wäre. Der aber sagte ihm: „Euer Vater ist zurück gekommen, und dein Bruder hat das gemästete Kalb geschlachtet, weil er ihn gesund wieder hat." Er wurde zornig und wollte nicht hineingehen. Da ging sein Bruder hinaus und bat ihn. Er antwortete aber und sprach zu seinem jüngeren Bruder: „Siehe, es ist uns damals sehr schwer gefallen, unserem Vater sein Altenteil auszuzahlen. Die schlechte Ernte hätte uns fast in den Ruin getrieben. Wir hielten ihn längst für tot und hatten unseren Frieden damit gemacht. Jetzt werden die alten Wunden wieder aufgerissen. Unsere Mutter würde sich im Grabe umdrehen, wenn sie das alles dort noch erfahren könnte."

Er aber sprach zu ihm: „Mein Bruder, weißt du nicht mehr, wie es war, als *ich* aus der Fremde zurückkam, abgebrannt und völlig am Ende? Unser Vater hat mich damals mit offenen Armen empfangen und mir ein ebensolches Fest bereitet. Du weißt genau, wie schwer es mir gefallen ist, seine Vergebung anzunehmen. Zudem hatten *wir beide* jahrelang Streit deswegen. Du wirst aber auch zugeben müssen, dass du es ohne mich nicht geschafft hättest, den Hof über die Runden zu bringen. Ich habe in all den Jahren geschuftet wie ein Sklave und du hast dich geschont. Nun kommt unser Vater wieder nach Hause, er, dem wir alles verdanken und du verhältst dich wieder wie *damals* bei *meiner* Rückkehr.

Du solltest aber fröhlich und guten Mutes sein; denn dieser unser alter Vater war schon tot und ist wieder lebendig geworden, er war verloren und ist wiedergefunden worden. Hast du nicht gemeinsam mit mir damals zu Jesu Füßen gesessen und ihn vom verlorenen Schaf reden hören? Bei hundert Schafen kommt es doch auf eines gar nicht an, dachten wir mit unseren tausend Schafen. Doch wenn Gott auch so denken würde über seine unzähligen Menschen, dann gäbe es mich nicht mehr, unseren Vater nicht und viele andere gewiss auch nicht. Du wärest jetzt allein, hättest vermutlich den Hof verloren, deine Frau hätte dich verlassen und deine Kinder den Tag ihrer Geburt verflucht.

Wer dem Verlorenen nicht nachgeht, kann selbst gar bald verloren sein. So habe ich Jesus verstanden und ich musste an Vater denken, als ich Jesus hörte. Hatte mein Vater mir nicht vorgelebt, was Jesus predigte und lehrte? Verschämt hatte ich in der Menschenmenge um Jesus weinen müssen, weil ich im Nachhinein die Güte Gottes im Verhalten unseres Vaters deutlich gespürt habe. Du kennst die vielen unbarmherzigen und unnachgiebigen Väter, die ihren Söhnen das Leben zur Hölle machen, die noch im Alter alles bestimmen und beherrschen wollen. So ist unser Vater niemals gewesen. Auch Mutter hat er bis zu ihrem Tod liebevoll gepflegt.

Sollten wir ihm nicht verzeihen, dass er auf seine alten Tage noch wunderlich und schwach geworden ist? Sein kleines Haus im Garten wollte ich niemals verkaufen, und wir haben es auch ohne dieses Geld geschafft. Ich werde es ihm wieder herrichten. Daran wirst auch du mich nicht hindern. Und jetzt geh, wenn du dich nicht mit uns freuen kannst! Ich möchte allein sein. Meine Seele ist aufgewühlt. Was meinst du, wie mir zumute war, als ich mit den Schweinen im Dreck saß und aus ihren Trögen fraß? Nein, davon hast du keine Ahnung. Du warst dir selbst immer der Nächste. Du hast nichts riskiert im Leben. Du fragst auch heute nicht, wie es Vater ergangen ist. Dass seine Gefährtin, die er liebte, im fernen Land gestorben ist, interessiert dich nicht. Alt, arm und einsam in der Fremde, du hast keine Vorstellung davon, was das bedeutet.“

Beschämt drehte der ältere Bruder sich um und ging stumm in die Nacht hinaus, in die Nacht, die sein Leben verändern sollte. Sein jüngerer Bruder hatte recht. Das erste Mal in seinem Leben konnte er es sich jetzt eingestehen. Ja, zornig und selbstsüchtig war er damals gewesen, als sein Bruder zurückgekehrt war. Er hatte ihm niemals verziehen, dass er sein Erbe verprasst hatte. Das Fest nach seiner Heimkehr saß immer noch wie ein Stachel in seiner Seele. Aber sein verlorener Bruder war es, der durch seinen unermüdlichen Fleiß den Hof gerettet hatte.

Er selbst hatte sich auf die faule Haut des Selbstgerechten gelegt, wie die Männer, denen Jesus das Gleichnis vom verlorenen Schaf erzählt hatte. Er hatte damals die Geschichte vom Schaf lächerlich gefunden. Jesus redete ihm allzu menschlich vom erhabenen und fernen Gott. Der Heilige Israels verlangt Anbetung und das Einhalten seiner Gebote, aber nicht solche kindischen Geschichten von Schafen. Dabei war er jetzt auch solch ein verlorenes Schaf, ohne es zuvor gemerkt zu haben, verloren in seiner Unbarmherzigkeit und Selbstgerechtigkeit. Er verstand jetzt den Prediger aus Nazareth, und er sah Gott in dieser Nacht mit anderen Augen.

Gott in den Wesenszügen seines alten Vaters, das wäre ihm niemals in den Sinn gekommen, Gott, der sucht, was verloren ist, der mit offenen Armen den empfängt, der heimkehrt. Gottes Herz war viel weiter und offener als sein eigenes, Gottes Liebe viel tiefer als seine. War nicht auch die Liebe zu seiner Frau längst erloschen? Hatte er sich nicht daran gewöhnt, heimlich zu einer anderen zu gehen? Damit sollte jetzt Schluss sein und auch seine Kinder sah er plötzlich mit anderen Augen. Sie respektierten ihn zwar, aber sie liebten nur ihre Mutter und ihren Onkel, seinen Bruder. Auch hatten sie während seiner Abwesenheit oft nach dem Großvater gefragt. Er war diesen Fragen immer ausgewichen, weil er gespürt hatte, dass das Herz der Kinder immer noch an ihrem Großvater hing, obwohl er schon so lange fort gewesen war.

An seinem Herzen aber hing niemand mehr. Noch nie hatte er sich so einsam und verloren gefühlt wie in dieser Nacht. „Freut euch mit mir; denn ich habe mein Schaf gefunden, das verloren war" hallten Jesu Worte wie aus weiter Ferne in ihm wider - verloren, gefunden, große Freude! Er hörte die Musik näher kommen und wunderte sich darüber. Doch seine Beine waren wie von selbst umgekehrt. Mit Tränen in den Augen lief er auf seinen alten Vater zu, der vor der Tür des Festsaales stand. „Mein Vater!", sagte er mit tränenerstickter Stimme. Die herzliche Umarmung seines Vaters war mehr als eine Antwort, sie war der Morgenglanz des Reiches Gottes in seinem Leben. Amen

Genug für alle?

7. Sonntag nach Trinitatis, 7. August 2011

„Das Volk sprach zu Jesus: Was tust du für ein Zeichen, damit wir sehen und dir glauben? Was für ein Werk tust du? Unsre Väter haben in der Wüste das Manna gegessen, wie geschrieben steht (Psalm 79,24): ‚Er gab ihnen Brot vom Himmel zu essen.' Da sprach Jesus zu ihnen: Wahrlich, wahrlich, ich sage euch: Nicht Mose hat euch das Brot vom Himmel gegeben, sondern mein Vater gibt euch das wahre Brot vom Himmel. Denn Gottes Brot ist das, das vom Himmel kommt und gibt der Welt das Leben. Da sprachen sie zu ihm: Herr, gib uns allezeit solches Brot. Jesus aber sprach zu ihnen: Ich bin das Brot des Lebens. Wer zu mir kommt, den wird nicht hungern; und wer an mich glaubt, den wird nimmermehr dürsten." Johannes 6, 30-35

Liebe Gemeinde,
es ist genug für alle da! Das klingt wie Hohn angesichts der verheerenden Hungerkatastrophe in Ostafrika. Wie schon so oft schaut eine Welt im Überfluss auf einen scheinbar weit entfernten anderen Planeten, auf dem zur Zeit Hunderttausende vom Hungertod bedroht sind. Doch wir leben in *einer* Welt! Seit Jahrzehnten werden Kritiker nicht müde, eine gerechtere Verteilung der Güter weltweit anzumahnen. Hinzu kommen viele eigene Probleme in den von Armut, Hunger und Not geplagten Regionen dieser Erde, von Korruption bis Bürgerkrieg.
Manchmal wünsche ich mir einen Gott, der mit starker Hand spürbar eingreift und gerechte Verhältnisse herstellt. Meinetwegen könnte er die Welt dazu von uns Menschen befreien und noch einmal ganz von vorne beginnen. Aber scheinbar lässt Gott gerne alles so laufen, wie es eben läuft. Vielleicht geht er auch bewusst auf Distanz zu unserer Welt mit ihrer himmelschreienden Ungerechtigkeit. Gott überlässt uns ganz uns selbst, ja, das tut er! Wir sind wir selbst, jeder für sich und die Menschheit für sich als weltweite Gemeinschaft. Wir sind Menschen, und wir sollen uns dessen deutlich bewusst werden. Gott nimmt uns unser Menschsein nicht ab. Wir Menschen und diese Erde gehören zusammen. Wir sind von Gott, unserem Schöpfer, einander zugewiesen. Von Erde sind wir genommen und werden wieder zu Erde. Wir spüren täglich, dass wir von dieser Erde leben. Unser Körper ist abhängig von dem, was die Erde uns zum Leben zur Verfügung stellt, ist angewiesen auf Luft, Wasser, Licht, Schatten, Wärme, erfrischende Kühle und tägliche Nahrung. „Unser tägliches Brot gib uns heute!" - und die Erde gibt, unglaublich viel den einen und erschreckend wenig den anderen.

Doch es ist nicht nur die Erde, die gibt, sondern der Mensch, der nimmt. Die einen nehmen sich sehr viel. So bleibt für die vielen anderen nur noch wenig oder gar nichts mehr übrig. Dabei ist tatsächlich genug für alle da. Wir würden es beweisen können, wenn wir uns endlich bemühten, Güter weltweit gerecht zu verteilen. Die Menschheit hat das Wissen dazu bereits erworben. Wenn wir uns *heute* mehrheitlich weltweit auf eine gerechte Verteilung der Güter dieser Erde verständigen könnten, die Welt würde in nur einem Jahr anders aussehen. Gott würde sich darüber sehr freuen. Er würde frohlocken über seine mündig gewordenen Kinder auf Erden. Er würde sich in dem Maße freuen, mit dem er jetzt unter unserer Unvernunft leidet.

Nein, Gott greift nicht machtvoll ein, sondern er geht gefühlvoll mit! Jesus hat uns den liebevollen, nahen und mitfühlenden Gott ins Stammbuch der Menschheit geschrieben. Gott hatte sich schon seinem Volk Israel als ein Gott offenbart, der mitgeht und sich ständig wandelt, während er uns begleitet. Deswegen offenbarte Gott Mose seinen geheimnisvollen und rätselhaften Namen als: „Ich werde sein, der ich sein werde." (2. Mose 3,14) Er ist ein Gott, der immer bei uns ist, gemeinsam mit uns unterwegs, in Zeiten des Mangels ebenso wie in reich angefüllten Jahren des Lebens. Gott saß mit seinem geknechteten Volk Israel an den gefüllten Fleischtöpfen in Ägypten, als es zudem noch Brot in Fülle gab. Gott brach gemeinsam mit den Israeliten auf, den steinigen Weg ins gelobte Land zu finden. Er ging voran als Feuersäule in der Nacht und als Wolkensäule bei Tag. Gott versorgte das dürstende Volk mit Wasser aus dem Felsen. Er ließ Wachteln und Manna auf wunderbare Weise in der Wüste erscheinen, so dass alle satt wurden. Von diesen biblischen Erzählungen können wir lernen, dass Gott niemals tatenlos zuschaut, sondern stets das Notwendige gibt, das, was Not wendet. Warum sollte Gott mehr geben, wenn keine Not zu wenden ist? Es ist dann unsere Aufgabe, untereinander Not zu wenden, wenn die einen mehr haben und andere zu wenig. Gott erfüllt seine Aufgaben sehr genau und er erwartet dies auch von uns, das ist sein gutes Recht.

Jesus hat uns die Wesenszüge Gottes mit seinen Worten, Zeichen und Taten eingeprägt. Jesus zog viel Volk nach, weil viele die Zeichen sahen, die er an Kranken, Armen und Hilfsbedürftigen tat, die deutlich erkennbar unter Mangel litten. Mangel ist ein Hohlraum, in den Mitgefühl und Fürsorge Gottes einströmen können. „Da hob Jesus seine Augen auf und sieht, dass viel Volk zu ihm kommt, und spricht zu Philippus: Wo kaufen wir Brot, damit diese zu essen haben?" (Joh. 6,5) Angesichts der unüberschaubaren Menschenmenge kapituliert Philippus.

Zweihundert Silbergroschen reichen nicht, um Brot für alle zu kaufen. Auch fünf Gerstenbrote und zwei Fische sind wie gar nichts im Angesicht der Fünftausend, die auf Nahrung für diesen Tag warten. Ähnlich verhält es sich auch mit unseren Hilfslieferungen für Ostafrika. Es ist einfach zu wenig und eben doch nicht genug für alle da. Der größte Fehler aber wäre, angesichts der Unfassbarkeit von Not und Elend zu resignieren. Jesus hat niemals vor dem Unfassbaren kapituliert. Er nimmt vielmehr die Brote und spricht über ihnen das Dankgebet, im festen Glauben an Gott, den Geber aller guten Gaben. Ebenso macht er es mit den Fischen. Mit dieser großzügigen Geste vertritt er Gott, seinen himmlischen Vater, inmitten einer von Mangel geprägten Situation auf Erden.

Mit dieser vertrauensvollen Handlung möchte er uns ermutigen. Fangt einfach an zu teilen, tut so, als ob es für alle reichen würde und irgendwann werdet ihr erstaunt feststellen, dass es tatsächlich gereicht hat. Findet eure Menschenwürde und eure Freiheit in den großzügigen Gesten des Gebens und des Teilens, im Vertrauen auf die Größe und Güte Gottes. „Mein Vater gibt euch das wahre Brot vom Himmel", sagt Jesus denen, die von ihm ein Zeichen erwarten, wie einst das Volk von Mose. Dieser hatte daraufhin das hungernde Volk in der Wüste gespeist. Jesus weist jedoch auf einen Irrtum hin: „Nicht Mose hat euch das Brot vom Himmel gegeben," sondern es kam von Gott. „Da sprachen sie zu ihm: Herr, gib uns allzeit solches Brot," Gottes Brot vom Himmel. Es wäre zu erwarten gewesen, dass Jesus einstimmt: „Ja, auch ich gebe euch dieses Brot für eure tägliche Ernährung, für euren Glauben, euren Überlebenswillen, so wie es Mose in der Wüste getan hat." Aber Jesus wagt das Unvorstellbare und sagt dem Volk: „*Ich* bin das Brot des Lebens. Wer zu mir kommt, den wird nicht hungern; und wer an mich glaubt, den wird nimmermehr dürsten." Verständlicherweise murrten viele Zuhörer und fragten sich: „Ist dieser nicht Jesus, Josefs Sohn, dessen Vater und Mutter wir kennen? Wieso spricht er dann: Ich bin vom Himmel gekommen?" (Joh. 6,42)

Das *himmlische* Brot versorgt uns mit Speise für das *kommende* Leben. Die Erde ernährt uns, solange wir auf ihr leben. Doch der Himmel speist uns weit darüber hinaus. Wir brauchen eine andere Nahrung für Herz, Seele und Geist als für unseren Körper. Die Nahrung für unseren Leib besteht aus Materie, die wir sehen und anfassen können, kauen, schlucken und verdauen müssen. Die Nahrung für unsere Seele jedoch ist feiner, besteht nicht aus sichtbarer Materie, sondern aus spürbarer und wirksamer Energie. Diese Kraft verbindet uns mit der unsichtbaren Welt Gottes. Wenn wir diese Erde verlassen, werden wir staunend erkennen, was Seele und Geist bewegt und zusammen gehalten hat. Wir können schon jetzt daran teilhaben.

Jesus macht uns sein Angebot: „Ich bin das lebendige Brot, das vom Himmel gekommen ist. Wer von diesem Brot isst, der wird leben in Ewigkeit." Für den, der glaubt, heißt es nicht: „Friss, Vogel oder stirb!" sondern: „Nimm hin und iss, damit deiner Seele beizeiten Flügel wachsen!" Das Abendmahl zu feiern, ist eine Vorbereitung auf himmlische Flugstunden. Wir dürfen durch Brot und Wein erkennen, dass wir in dieser Welt nur auf Zeit leben und uns in unserer begrenzten Lebenszeit von ihr ernähren. Darüber hinaus sind wir jedoch bestimmt für die Ewigkeit. Der Glaube ist Nahrung für unsere ewige und unvergängliche Seele, Jesus ist göttlicher Speisemeister. Er lädt uns ein, Wunder zu schmecken und zu schauen.

„Er gibet Speise reichlich und überall, nach Vaters Weise sättigt er allzumal", (EG 502) nicht nur unseren Körper, sondern weit darüber hinaus die Vielfalt all unserer seelischen, geistigen und geistlichen Bedürfnisse. Von Gott aus gesehen ist immer genug für alle da. Das könnte uns von unserer Angst befreien, zu kurz zu kommen. Es kann uns die Freiheit der Kinder Gottes schenken, wie Jesus mit anderen zu teilen, großzügig und voller Gottvertrauen. Amen

Schwerter zu Pflugscharen
8. Sonntag nach Trinitatis, 14. August 2011

"Dies ist's, was Jesaja, der Sohn des Amoz, geschaut hat über Juda und Jerusalem: Es wird zur letzten Zeit der Berg, da des Herrn Haus ist, fest stehen, höher als alle Berge und über alle Hügel erhaben, und alle Heiden werden herzulaufen, und viele Völker werden hingehen und sagen: Kommt, lasst uns auf den Berg des Herrn gehen, zum Hause des Gottes Jakobs, dass er uns lehre seine Wege und wir wandeln auf seinen Steigen! Denn von Zion wird Weisung ausgehen und des Herrn Wort von Jerusalem. Und er wird richten unter den Heiden und zurechtweisen viele Völker. Da werden sie ihre Schwerter zu Pflugscharen und ihre Spieße zu Sicheln machen. Denn es wird kein Volk wider das andere das Schwert erheben, und sie werden hinfort nicht mehr lernen, Krieg zu führen. Kommt nun, ihr vom Hause Jakob, lasst uns wandeln im Licht des Herrn!" Jesaja 2, 1-5

Liebe Gemeinde,

"Schwerter zu Pflugscharen" - diese Friedensvision des Propheten Jesaja erhielt nach der Katastrophe des Zweiten Weltkrieges neue Aufmerksamkeit. Am 4. Dezember 1959 schenkte die Sowjetunion der UNO eine Bronzeskulptur, die das biblische Motiv „Schwerter zu Pflugscharen" plastisch aufnimmt. Diese Skulptur ist heute im Garten des UN-Hauptquartiers in New York zu besichtigen. In den 80er Jahren wurde die plastische Darstellung von „Schwerter zu Pflugscharen" als Aufdruck eines Aufnähers zum Symbol für den friedlichen Widerstand in der damaligen DDR. Es ist erstaunlich, welche Kraft biblische Visionen immer wieder neu entfalten können. Hingegen sagte unser Altkanzler Helmut Schmidt im Bundestagswahlkampf 1980: „Wer Visionen hat, soll zum Arzt gehen!"[1] So lautet also die nüchterne Stellungnahme eines Pragmatikers zu visionären Vorstellungen. Dagegen möchte ich einwenden, dass ein Pragmatismus ohne Visionen nicht ausreichen wird, um Frieden zu schaffen und zu sichern. Wir orientieren uns an Leitbildern und Vorstellungen, auch wenn es nicht immer gleich große Visionen sind. Doch die kleinen Leitbilder sind die Schwestern der großen Visionen.

Hatten Sie in der Zeit Ihrer Kindheit und Jugend Leitbilder, Träume, Visionen von Ihrer Zukunft? Zumeist gehören zu diesen Vorstellungen auch bestimmte Leitfiguren, an denen wir unser Leben und Handeln ausrichten. Was wären wir ohne Vorbilder und was wäre die Kirche ohne die großen Visionen der Bibel? Sie beginnt mit dem Urbild vom Paradies, von der gelungenen Schöpfung Gottes mit dem Prädikat „sehr gut", obwohl niemals auf Erden *alles* sehr gut war. Für mich gehören jedoch die vollkommenen Schöpfungsmomente zum alltäglichen Leben. Oft denke ich in der Natur an bestimmten Orten, manchmal nur für einen kurzen Moment: „Einfach sehr gut, jetzt und hier!" Natürlich bedeutet das auch in diesem Augenblick des Staunens und der Dankbarkeit nicht „sehr gut für immer" und ebenfalls nicht „sehr gut überall", aber doch „sehr gut gerade jetzt!" In diesem Moment ist dann für mich das „sehr gut" des Schöpfungsmorgens aktuell.

Über vielen scheint jedoch ein Damoklesschwert mit der Aufschrift: „Alles ist schlecht!" zu schweben. Dieses Schwert verletzt dann, wie zur Bestätigung seiner Aufschrift, immer wieder aufs Neue. Da trage ich lieber das „sehr gut" in der Vorratskammer meines Herzens bei mir und erfreue mich an dem, was wenigstens in kurzen wertvollen Momenten die Unversehrtheit und den Glanz der Schöpfung Gottes widerspiegelt. Die große Vision einer gelungenen Schöpfung kann somit viele kleine Glücksmomente in unserem Leben wachrufen, ohne dass wir dabei das Seufzen der Schöpfung überhören oder verdrängen

---

[1] http://de.wikiquote.org/wiki/Helmut_Schmidt, abgerufen am 26.2.2012

müssten. Beides existiert in unserer Welt nebeneinander, wie Krieg und Frieden, Gewaltbereitschaft und Friedfertigkeit.

Auch Jesaja hat seine Friedensvision in eine ausgesprochen friedlose Zeit projiziert, als göttliches Gegenbild zu menschlicher Zerstörungswut und Kriegstreiberei. Die Erfüllung seiner Vision steht noch aus, wird wohl noch lange dahinstehen. „Es wird zur letzten Zeit der Berg, da des Herrn Haus ist, fest stehen, höher als alle Berge und über alle Hügel erhaben. Denn von Zion wird Weisung ausgehen." Heute ist der Zionsberg in Jerusalem umstrittenes Gebiet von Palästinensern und Israelis. Vom einstigen Tempel steht nur noch die Klagemauer. Sie vermittelt mir die dunkle Vision, dass es dort auch noch lange viel zu klagen geben wird. Denn weder Einigung noch friedliches Miteinander sind auf absehbare Zeit im so unheilvollen Heiligen Land in Sicht. Wer aber seine Visionen nur am Status quo ausrichtet, wird nicht weit kommen. Vielleicht sollte besser *der* zum Arzt gehen, der keine Visionen mehr hat, weder für sein eigenes Leben noch für die Zukunft dieser Welt. Visionen sind wie Zielvorstellungen, die wir immer wieder zum Durchhalten brauchen, um wichtige Ziele auch tatsächlich erreichen zu können.

Vor fünfzig Jahren wurde mit dem Bau der Mauer begonnen. Wer hätte damals die Vision gewagt, dass diese Mauer innerhalb nur einer Generation nach achtundzwanzig Jahren bereits wieder fallen würde? Selbst ich war in den 80er Jahren fest davon überzeugt, dass ich wohl den Fall der Mauer nicht mehr erleben würde. Doch 1989 stellten die sich überschlagenden Ereignisse erlahmte visionäre Kräfte weit in den Schatten. „Schwerter zu Pflugscharen" - mit allem hatten die Mächtigen in der DDR gerechnet, sogar mit einem möglichen Blutvergießen, aber nicht mit Kerzen, Gebeten und dem friedlichen Ruf: „Wir sind das Volk!" Ohne die visionäre Kraft unzähliger Menschen wäre die Mauer nicht so schnell gefallen. Dies mag uns ermutigen, an den großen Visionen des Glaubens festzuhalten und unseren leitenden Visionär Jesus nicht zum Arzt zu schicken.

In der Epistel-Lesung war zu hören: „Lebt als Kinder des Lichts; die Frucht des Lichts ist lauter Güte und Gerechtigkeit und Wahrheit." (Eph. 5,8+9) „Darum heißt es: Wach auf, der du schläfst, und steh auf von den Toten, wo wird dich Christus erleuchten." (Eph. 5,14) Wach auf, der du möglicherweise deine Vision eines gelingenden Lebens verschläfst! Glaube an das Wunder der Leuchtkraft Christi, so wird er auch dich erleuchten! Jesus traut seinen Nachfolgern und seiner Kirche viel mehr zu als wir uns selbst. Jesus hatte Visionen vom Reich Gottes. Dort ist bereits Wirklichkeit, was wir noch als Vision benötigen, um nicht im Dunkel dieser Welt zu versinken.

„Schwerter zu Pflugscharen“, Panzer zu Traktoren, Handgranaten zu Granatäpfeln, Landminen zu Ernteerträgen, Hass zu Feindesliebe, Feindschaft zu Freundschaft, Hungersnot und Armut zu gerechter Verteilung der Güter auf dieser Erde.
Vieles wartet in unserer armen reichen Welt noch auf Verwandlung. Doch viele Menschen arbeiten bereits unermüdlich an einer besseren Welt. Sie lassen sich nicht besiegen von dem, was immer schon so war und sich niemals zu ändern scheint. Sie vertrauen der Kraft ihrer persönlichen Überzeugungen und den großen Visionen von Frieden, Gerechtigkeit und Bewahrung unserer kostbaren Schöpfung. Es gibt viel zu tun! Packen wir es nicht nur an, sondern lassen wir uns immer wieder neu inspirieren von unserem Herrn und Bruder Jesus Christus. Er ist das Licht der Welt, das seine Leuchtkraft von einem neuen Himmel und einer neuen Erde bezieht. Der Auferstandene ist wie eine Brücke. Sie führt vom gelungenen Anfang hin zur noch ausstehenden Vollendung, über alle Abgründe und dunklen Täler hinweg. Am Ende wird Gott auf der anderen Seite der Wirklichkeit „abwischen alle Tränen, und der Tod wird nicht mehr sein, noch Leid noch Geschrei noch Schmerz wird mehr sein; denn das Erste ist vergangen und der auf dem Thron sitzt, spricht: Siehe ich mache alles neu!“ (Offenbarung 21,4+5) Mit dieser Vision aus dem letzten Buch der Bibel lässt sich getroster leben, tiefer glauben, weitreichender hoffen und tatkräftiger handeln, sie erspart vielleicht sogar den einen oder anderen Arztbesuch. Amen

Recht auf Gnade?
11. Sonntag nach Trinitatis, 15. August 2010

„Gott, der reich ist an Barmherzigkeit, hat in seiner großen Liebe, mit der er uns geliebt hat, auch uns, die wir tot waren in den Sünden, mit Christus lebendig gemacht – aus Gnade seid ihr selig geworden -; und er hat uns mit auferweckt und mit eingesetzt im Himmel in Christus Jesus, damit er in den kommenden Zeiten erzeige den überschwenglichen Reichtum seiner Gnade durch seine Güte gegen uns in Christus Jesus. Denn aus Gnade seid ihr selig geworden durch Glauben, und das nicht aus euch: Gottes Gabe ist es, nicht aus Werken, damit sich nicht jemand rühme. Denn wir sind sein Werk, geschaffen in Christus Jesus zu guten Werken, die Gott zuvor bereitet hat, dass wir darin wandeln sollen.“ Epheser 2, 4-10

Liebe Gemeinde,

man kann Gnade vor Recht ergehen lassen, aber es gibt kein Recht auf Gnade! Wir haben uns alle an das Recht zu halten, ob es uns passt oder nicht. Jeder hat ein Persönlichkeitsrecht. Wir dürfen einander nicht beleidigen und nicht verletzen. Im Straßenverkehr müssen wir die Verkehrsregeln beachten. Unwissenheit schützt dabei vor Strafe nicht. Es bewahrt dich nicht vor Strafe, wenn du sagst: „Ach, ich wusste gar nicht, dass man da nicht rechts abbiegen darf." - „Ich wusste nicht, dass das Licht am Fahrrad auch funktionstüchtig sein muss, wenn ich gar nicht im Dunkeln fahre." Wir merken oft nicht, dass wir gerade ein Recht verletzen oder eine Regel überschreiten. Wenn wir dann darauf hingewiesen werden, ist es den einen peinlich und sie schämen sich, andere werden aufbrausend, können sehr wütend und sogar gewalttätig werden. Polizisten bekommen das täglich zu spüren. Menschen mögen es in der Regel nicht, wenn sie bei Regelverstößen ertappt werden. Sie versuchen zunächst, zu leugnen oder zu vertuschen. Schauen Sie sich nur bei einem Fußballspiel das Spielerverhalten nach einem Foulspiel an. Die meisten Spieler tun dann bewusst unschuldig, obwohl mit der Kamera festgehalten wurde, was sie gerade getan haben. Zumeist wissen sie ganz genau, was sie getan haben, aber sie wollen es nicht eingestehen.

Die meisten Menschen sind darum bemüht, sich nicht zu viel zu Schulden kommen zu lassen. Denn Schulden sind eine Last, die bedrückt. Es gibt aber andere, die sich längst daran gewöhnt haben, Schuld auf sich zu laden. Den Folgen gegenüber verhalten sie sich mehr oder wenig gleichgültig.

„Tot in den Sünden" kennzeichnet der Apostel Paulus diesen Zustand. Menschen, die beständig Schuld auf sich laden, sterben bereits mitten im Leben langsam seelisch ab. Bin ich vor dem Gesetz schuldig geworden und es kommt an das Tageslicht, muss ich mich einem Richter und einer Gerichtsverhandlung stellen. Es gibt jedoch auch moralische Schuld, die vom Gesetzgeber nicht geahndet wird. Scheinbar kommt man ungeschoren und unbestraft davon, wenn man gegen bestimmte moralische Regeln und Gebote verstößt. Manche dieser Regeln spiegeln sich in den zehn Geboten wider: „Andere Götter anbeten - Gott nicht die Ehre geben - den Feiertag nicht heiligen - die Eltern nicht achten und ehren - begehren, was der andere hat - eine Ehe brechen," damit macht man sich nach unserer Gesetzeslage nicht unbedingt strafbar. Ein Nichtbefolgen anderer Gebote kann wiederum strafrechtliche Konsequenzen nach sich ziehen. Töten, Stehlen und falsche Zeugenaussagen werden vom Gesetzgeber bestraft. Kann ein Mensch also auch „tot in den Sünden" sein, wenn er sich vor dem Gesetz gar nicht strafbar gemacht hat? Die Bibel antwortet: „Liebe Menschenkinder, leider muss ich diese Frage mit ja beantworten."

Gott mag dem hinzufügen: „Ich weiß auch, meine lieben Kinder, dass ich euch mit den vielen Geboten, Gesetzen und Regeln das Leben scheinbar ziemlich schwer mache. Doch bedenkt, dass es ohne Recht und Gesetz auf Erden unter euch ein heilloses Durcheinander geben würde. Ihr seid eben noch nicht im Himmel, wo es ganz anders zugeht. Da achtet jeder von selbst auf das Recht der anderen. Unter Engeln muss es weder Rechtsprechung noch Bestrafung geben. Aber soweit seid ihr auf der Erde leider noch nicht. Für euch muss deswegen noch gelten: Wer nicht hören will, muss fühlen, wer Gesetze verletzt und gegen Regeln verstößt, hat auch die Folgen davon zu tragen. Es tut mir, eurem Vater im Himmel, weh, wenn ich Unschuldige leiden sehe. Mir tun aber auch die Schuldigen leid. Sie scheinen ihrer Schuld oft gar nicht ausweichen zu können. Dennoch kann ich ihr Verhalten nicht übersehen und billigen. Dafür ist mir meine göttliche Ordnung im Himmel und auf Erden zu wichtig. Ordnung muss sein, auch wenn meine Vorstellung von Ordnung nicht immer mit eurer übereinstimmt. Ihr haltet bisweilen Dinge für wichtig, auf die ich, euer Gott, gar nicht so viel Wert lege. Ordnung nur um der Ordnung willen habe ich nie gewollt, auch keine lieblosen Ordnungsfanatiker. Ich möchte Ordnung um des Lebens willen, weil alles, was ich geschaffen habe, ein Recht auf Leben hat, nicht nur der Mensch, sondern die gesamte Schöpfung. Wer beständig göttliche Ordnungen verletzt, kommt nicht ungestraft davon. Wer gegen Lebensregeln und Naturgesetze verstößt, hat die Folgen zu tragen. Das könnt ihr zur Zeit in Russland beobachten, wo Moore trockengelegt und Wälder vernachlässigt wurden. Das erkennt ihr in Überschwemmungsgebieten, wo der Natur, namentlich den Flüssen, nicht genug Raum gelassen wurde. Ihr merkt es auch, wenn ihr Raubbau an eurem Körper und seinen Kräften betreibt. Es kann auf Dauer niemals gut gehen, *nicht* den Geboten und Regeln zu folgen, die ich euch aus Liebe und Fürsorge gegeben habe. Natürlich ist es nicht so schlimm, wenn ihr mal einen Fehler macht oder ein Gebot kurzfristig übertretet. Aber einen Fehler an den anderen zu reihen und Schuld auf Schuld zu häufen, kann nicht gut gehen. Das kann und das werde ich als euer Gott, euer Schöpfer und euer treuer Begleiter niemals dulden. Doch vergesst bitte auch nicht, was euch der Apostel Paulus zu sagen hat. Es gibt nicht nur das Absterben eines Menschen und einer Seele durch zu viel Schuld. Es gibt auch das Wunder der Gnade und der Vergebung, die Neugeburt einer Seele und das erneute Aufblühen körperlicher Kräfte. Die Voraussetzung dafür ist jedoch, dass ihr Schuld eingesteht, Fehlverhalten einseht, aufrichtig um Vergebung bittet und dazu bereit seid, einen Neuanfang zu wagen. Paulus schreibt, dass ihr aus Gnade selig geworden seid. Diese Gnade hat Jesus sein Leben gekostet!

Wenn ihr euch im Glauben darauf einlassen könnt, werdet ihr Wunder erleben, wie Jesus das himmlische Wunder seiner Auferweckung von den Toten erfahren durfte. Wenn ihr an ihn glaubt, werdet ihr mit dem bedeutenden Thema ‚Schuld und Vergebung' anders umgehen. Ihr werdet euch den dunklen Seiten eures Lebens stellen müssen, werdet aber auch die Kraft der Gnade und die Macht der Vergebung zu spüren bekommen. Wenn ihr betet ‚vergib uns unsere Schuld', dann stellt euch auch eurer Schuld, gesteht euch ein, was ihr falsch gemacht habt! Ich, euer Gott, weiß es ohnehin. Ich möchte euch gar nicht für immer auf eure Fehler festnageln, aber ich will, dass ihr sie selbst erkennt und für Veränderungen offen seid. Denn Leben kann so viel mehr sein als ein ständiges Bemühen darum, möglichst viel Schuld zu verbergen und so wenig wie möglich davon einzugestehen. Ich, euer Vater im Himmel, bin immer für einen Neuanfang zu haben, wenn ihr dazu bereit seid. Ich schenke jedem Vergebung, der mich aufrichtig und ernsthaft darum bittet! Es gibt kein Recht auf Gnade, aber eine Gnade aus göttlicher Liebe. Sie kann euer Leben jederzeit auf wunderbare Weise verwandeln." Amen

Zeitfenster
13. Sonntag nach Trinitatis, 17. August 2008

„Als die Zahl der Christen in Jerusalem zunahm, erhob sich ein Murren unter den griechischen Juden in der Gemeinde gegen die hebräischen, weil ihre Witwen übersehen wurden bei der täglichen Versorgung. Da riefen die Zwölf die Menge der Jünger zusammen und sprachen: Es ist nicht recht, dass wir für die Mahlzeiten sorgen und darüber das Wort Gottes vernachlässigen. Darum, ihr lieben Brüder, seht euch um nach sieben Männern in eurer Mitte, die einen guten Ruf haben und voll heiligen Geistes und Weisheit sind, die wir bestellen wollen zu diesem Dienst. Wir aber wollen ganz beim Gebet und beim Dienst des Wortes bleiben. Und die Rede gefiel der ganzen Menge gut; und sie wählten Stephanus, einen Mann voll Glaubens und heiligen Geistes, und Philippus und Prochorus und Nikanor und Timon und Parmenas und Nikolaus, den Judengenossen aus Antiochia. Diese Männer stellten sie vor die Apostel; die beteten und legten die Hände auf sie. Und das Wort Gottes breitete sich aus, und die Zahl der Jünger wurde sehr groß in Jerusalem. Es wurden auch viele Priester dem Glauben gehorsam."
Apostelgeschichte 6, 1-7

Liebe Gemeinde,
biblische Texte sind wie Zeitfenster. Sie geben den Blick frei auf Menschen, die in einer weit zurückliegenden Zeit, unter anderen Lebensumständen als wir, ihren Glauben gestaltet haben. Die Apostelgeschichte öffnet uns einen Zugang zur ersten christlichen Gemeinde in Jerusalem. Dort sind wir den Ursprüngen des Christentums ganz nah. Im vierten Kapitel seiner Apostelgeschichte berichtet Lukas voller Stolz, dass die Menge der Gläubigen ein Herz und eine Seele war. Nur wenig später erhob sich bereits ein Murren in der Gemeinde. Es gab Konflikte wie in jeder menschlichen Gemeinschaft, selbst eine vorbildliche Gemeinde ist nicht frei davon. Menschen fühlen sich schnell benachteiligt, damals wie heute.

Konfliktursache in Jerusalem war, dass die griechischen Juden sich von den hebräischen Juden bei der täglichen Witwenversorgung benachteiligt fühlten. Wie ist das zu verstehen? Die erste christliche Gemeinde war eine *juden*-christliche Gemeinde. Jesus war Jude, seine Jünger und Anhänger ebenfalls. So bestand auch die erste Gemeinde aus Juden, die den Glauben an Jesus, den Gekreuzigten und Auferstandenen, angenommen hatten. Diese historische Tatsache stellt jede spätere Judenverfolgung durch Christen grundsätzlich in Frage. Andererseits wissen wir, dass leicht zum Feind werden kann, wer uns einmal sehr nahe gestanden hat. Doch zurück nach Jerusalem. Dort wohnten damals Juden, die von Geburt an ihre Heimat in Israel hatten und es gab andere, die zugereist waren. Ähnlich stellt es sich auch heute in Israel dar. Wir erkennen beim Blick durch Zeitfenster, dass vieles sich wiederholt.

Man vermutet, dass es damals griechisch sprechende Juden gab, die gegen Ende ihres Lebens nach Jerusalem zogen, um ihren Wurzeln wieder nahe zu sein. Wenn dann die Männer starben, blieben die Frauen ohne das in der Antike sonst übliche familiäre Versorgungssystem zurück. Denn ihre Familien lebten weiterhin weit von Jerusalem entfernt. Daraus entstand für die alleinstehenden Witwen eine soziale Notlage. Sie mussten versorgt werden in der Gemeinschaft der ersten Christen, auch mit täglichen Mahlzeiten. Man teilte Brot und Wein im Namen Jesu und aß täglich miteinander. Diese enge Glaubens- und Lebensgemeinschaft schuf neue Konflikte. Griechisch-jüdische Witwen wurden von den anderen bei der täglichen Versorgung übersehen, sie erhielten weder ausreichend Essen noch Fürsorge. Die erste christliche Gemeinde ein Herz und eine Seele? „Da kommen sie im Alter hierher nach Jerusalem, sterben alsbald und wir sollen die Witwen versorgen. Sollen sich doch deren Familien um den Unterhalt kümmern und Geld nach Jerusalem schicken. Die Witwen könnten auch zu ihren Familien zurückkehren, dort wären sie gut versorgt.“

Konflikte dieser Art sind auch uns vertraut, Mensch bleibt Mensch, sei er nun Christ oder nicht. Konflikte lassen sich durch ein Christsein allein nicht lösen. Aber es gibt für jedes Problem eine Lösung, nach der man auch suchen sollte. Dies taten die Zwölf, die Apostel Jesu, in ihrer Funktion als Gemeindeleitung. Leitungsaufgaben sind stets mit der Suche nach Konfliktlösungen verbunden. Wie haben die Apostel diesen Konflikt gelöst? Durch *Klarstellung:* „Es ist nicht recht, dass wir für die Mahlzeiten sorgen und darüber das Wort Gottes vernachlässigen." Wir können nicht angemessen für die Verkündigung des Wortes Gottes sorgen, wenn wir zu sehr mit alltäglichen Versorgungsaufgaben beschäftigt sind.
Auch wir Pastorinnen und Pastoren heute drohen in „Alltagsgeschäften" unterzugehen. Es stellt sich die Frage, ob vieles davon noch „Dienst am Wort Gottes" und an der Seele von Menschen genannt werden kann. Denn für diesen Dienst braucht man Zeit, Kraft und Freiräume. Das wussten die Apostel und demzufolge handelten sie sofort. „Liebe Brüder, seht euch um nach sieben Männern in eurer Mitte, die einen guten Ruf haben und voll heiligen Geistes und Weisheit sind, die wir bestellen wollen zu diesem Dienst." Aus der Mitte der Gemeinde werden menschlich und geistlich bewährte Männer gesucht. Sie sollen die tägliche Versorgung der Witwen übernehmen. Die Überschrift über dem sechsten Kapitel der Apostelgeschichte lautet demzufolge: „Die Wahl der sieben Armenpfleger". Armenpflege braucht Zeit, Kraft und Raum. Den damaligen Gemeindegliedern gefiel dieser Vorschlag gut. Sie wählten sieben Männer, die unter Gebet und Handauflegung für den praktischen Dienst der täglichen Versorgung bestimmt wurden. Dadurch konnten die Apostel ihrer eigentlichen Aufgaben wieder nachgehen. Sie blieben beim Gebet und beim Dienst des Wortes Gottes und hatten Erfolg mit ihrer Konfliktlösung. „Und das Wort Gottes breitete sich aus, und die Zahl der Jünger wurde sehr groß in Jerusalem."

Gemeindewachstum konnte damals durch Konflikt*lösung* und nicht durch Verdrängung von Konflikten und Schönreden von Missständen erreicht werden. Es kann hilfreich sein, durch Zeitfenster einen Blick auf erfolgreiche Lösung von Konflikten zu werfen. Denn Konflikte müssen erkannt und benannt werden. Danach sollten Lösungen gesucht, gefunden und gemeinsam beraten werden. Die Ergebnisse dieser Bemühungen müssen aber dann auch umgehend in die Praxis umgesetzt werden. Wir hoffen als Christen bei diesen manchmal zeit- und kräftezehrenden Prozessen auf die Hilfe Gottes und den Beistand seines Geistes. Gottes Geist schafft Wahrheit und Klarheit. Gott macht uns Mut, Konflikte zu erkennen und sie auch zu benennen. Im Vertrauen auf seinen Geist können wir nach guten und sinnvollen Lösungen suchen, sie vertrauensvoll umsetzen und dann auf neue Gestaltungsmöglichkeiten hoffen.

Das Zeitfenster, welches der Predigttext uns öffnet, schenkt einen freien Blick auf die ursprüngliche Kraftquelle unseres Glaubens: „Gebet und Dienst am Wort Gottes." Eine christliche Gemeinde, die Gebet und Dienst am Wort Gottes vernachlässigt, kann in Krisen geraten. Wenden wir uns jedoch dem Gebet und dem Wort Gottes als unversiegbaren Kraftquellen neu zu, werden wir, oft auf überraschende und wunderbare Weise, neues Wachstum erleben können. Gottes Wort mag vielen unbedeutend und wirkungslos erscheinen, doch dies kann kein Grund für uns sein, es zu vernachlässigen. Damit möchte ich nicht einem „gesetzlichen Buchstabenglauben" das Wort reden, sondern auf einen Glauben setzen, der die lebendige Kraft des Heiligen Geistes wirksam werden lässt. Gott möchte, dass wir durchlässig werden für das, was er zu sagen und durch uns zu wirken hat. Wir können die Antennen unseres Geistes auf ihn und auf seine Kraft ausrichten. Wir ermöglichen damit den Empfang von Wundern. Amen

Große Gesten
13. Sonntag nach Trinitatis, 18. September 2011
Markus 3, 31-35

Liebe Gemeinde,

Jesus war ein Mensch von großen Gesten. Mit diesen Gesten eröffnete er neue Räume. „Lasst die Kinder zu mir kommen!" (Markus 10,14) Jesus herzte und segnete Kinder. Mit dieser *liebevollen* und *weitherzigen* Geste schuf er einen bleibenden Raum für die Kinder dieser Welt und ihre Rechte. Kinder brauchen Freiräume, in denen sie sich entfalten können. Jesus spricht sich somit indirekt auch gegen Kinderarmut, Kinderarbeit, Kindersoldaten und Kindesmissbrauch aus. Gebt den Kindern ihren Raum, lasst ihnen ihre Würde, ihre Lebendigkeit, ihre Fröhlichkeit und ihre Spontaneität! Die Vertreibung der Händler aus dem Tempel war eine *machtvolle* Geste Jesu, voller Zorn und heiligem Eifer um das Haus Gottes. (Matthäus 21,12+13) Der Tempel soll „Bethaus" und nicht Räuberhöhle sein. Tempel und Kirchen sollen Freiräume für Gebet und Begegnungen mit Gott bleiben. *Wir* bewegen uns mit unseren historischen Kathedralen im Grenzbereich zwischen Betraum und musealer Stätte mit kommerzieller Ausrichtung.

Im Predigttext geht es um die Bindungskraft der Familie und um Befreiung aus familiärem Anspruchsdenken: „Es kamen Jesu Mutter und seine Brüder und standen draußen, schickten zu ihm und ließen ihn rufen. Und das Volk saß um ihn. Und sie sprachen zu ihm:

Siehe, deine Mutter und deine Brüder und deine Schwestern draußen fragen nach dir. Und er antwortete ihnen und sprach: Wer ist meine Mutter und meine Brüder? Und er sah ringsum auf die, die um ihn im Kreise saßen, und sprach: Siehe, das ist meine Mutter, und das sind meine Brüder! Denn wer Gottes willen tut, der ist mein Bruder und meine Schwester und meine Mutter.“ Markus 3, 31-35

Die Familie hatte zu Lebzeiten Jesu große Bedeutung und starke Bindungskraft. Manche vermuten, dass Jesu Vater Josef gestorben war, weil er sich nicht unter denen befindet, die draußen auf Jesus warten und nach ihm verlangen. „Komm heim, Junge, dein Vater lebt nicht mehr. Es ist deine Pflicht als Ältester, jetzt Verantwortung für die Familie zu übernehmen.“ An anderer Stelle wird berichtet, dass seine Familie ihn für gestört und „von Sinnen“ hält, ihn deswegen wieder nach Hause zurückholen will. (Markus 3,21) Vielleicht lebte Josef auch noch und wollte sich nicht an diesem Familienspektakel beteiligen. Jesu Geste mag in dieser Situation eine *weit ausholende Armbewegung* gewesen sein, verbunden mit dem Hinweis „Siehe, dies sind meine Mutter, meine Brüder, meine Schwestern!“

Damit befreite sich Jesus aus starren, engen und fordernden familiären Bindungen. Sie geben zu wenig Freiheit für die eigene Entwicklung. Gleichzeitig legte Jesus mit dieser Geste ein Samenkorn für das *weltweite* Christentum in den Acker dieser Welt. Denn der christliche Glaube verlangt weder eine bestimmte Familien- noch eine festgelegte Volks- oder Stammeszugehörigkeit. Das Judentum konnte niemals Weltreligion im Sinne des Christentums werden, weil es prinzipiell die Zugehörigkeit zum Volk Israel verlangt.

Jesus, Sohn seines Volkes Israel, stößt mit Macht und weit ausladender Geste die Tür zur Weite der Völkerwelt auf. Er löst sich von seiner Familie. Er spricht einem römischen Hauptmann und einer ausländischen Frau einen Glauben zu, wie er ihn nur selten in seinem eigenen Volk gefunden hat. Jesus legt damit eine feine, aber deutliche Spur für die spätere Missionstätigkeit der christlichen Kirche. Immer wieder steht er mit großer Geste vor uns und sagt: „Schwestern und Brüder!“ So wuchs die Kirche zunächst im Mittelmeerraum, breitete sich später in ganz Europa aus, gelangte nach Asien, Afrika und in die Weite der gesamten Völkerwelt. Demzufolge schrieb der Apostel Paulus im Galaterbrief: „ Denn ihr seid alle durch den Glauben Gottes Kinder in Christus Jesus. Hier ist nicht Jude noch Grieche, hier ist nicht Sklave noch Freier, hier ist nicht Mann noch Frau; denn ihr seid allesamt einer in Christus Jesus.“ (Galater 3,26+28)

Im Glauben nehmen wir die Einheit der *einen* Menschheitsfamilie bereits vorweg, obwohl es noch so viele Trennungen, Risse und Brüche in Familien, Völkern und Ländern dieser Erde gibt.

Schauen wir auf die *sichtbare* Kirche Jesu Christi, so spiegelt sich auch in ihr die tiefe Zerrissenheit der Menschheitsfamilie wider. Doch es gibt neben der sichtbaren auch die *unsichtbare* Kirche. In ihr ist die Einheit des Glaubens bereits vollzogen, und manchmal spüren auch wir schon etwas davon. Der Herr scheint dann mitten unter uns zu stehen. Er macht uns mit weit ausholender Geste deutlich: „Seht, meine Schwestern und Brüder, meine weltweite Familie!"

So steht er heute morgen mitten unter uns und sagt: „Ihr seid meine Schwestern und Brüder, auch wenn ihr möglicherweise mit euren *leiblichen* Schwestern und Brüdern und mit eurer Ursprungsfamilie in Spannung, Streit oder Trennung lebt. Ihr seid es selbst dann noch, wenn sich auch mit euren *geistlichen* Schwestern und Brüdern in der Gemeinde keine harmonische und erfüllte Gemeinschaft verwirklichen lässt. Im Glauben an mich seid und bleibt ihr Schwestern und Brüder, denn in mir ist die versöhnte Menschheitsfamilie bereits Wirklichkeit. In der sichtbaren Welt ist sie es noch lange nicht. Ihr braucht auf dem Weg zu diesem Ziel einen langen Atem, Geduld und Nachsicht mit den Schwächen der anderen, denn sie spiegeln eure eigenen Schwächen wider." So geht der auferstandene und lebendige Christus durch seine Kirche und diese Welt und sagt: „Meine Schwestern und Brüder, die ihr Werke der Barmherzigkeit tut, oft ganz unscheinbar im Verborgenen, mit kleinen liebevollen Gesten der Zuwendung, der Hilfestellung und der Fürsorge, meine Schwestern und Brüder in den vielen geistlichen Gemeinschaften, die bemüht sind um das Gebet und um die Suche nach Gott, wie beispielsweise in Taizé, wo sich täglich Gläubige aus allen Kirchen dieser Welt zum gemeinsamen Gebet versammeln!"

Menschen, die im Geiste Jesu für die Menschheitsfamilie beten und arbeiten, können, wie Jesus selbst, mit ihren Ursprungsfamilien in Konflikt geraten. Franz von Assisi sagte sich von seinem reichen Vater los und wurde zum Heiligen der Armen und des einfachen, naturverbundenen Lebens. Martin Luther geriet in Konflikt mit seinem dominanten Vater. Dieser wollte, dass sein Sohn einem einträglichen Geschäft nachging und nicht als Mönch hinter Klostermauern sein Leben fristete. Beide, Franz von Assisi und Martin Luther, konnten ihre enorm prägende Kraft in der Kirche und in der Welt nur dadurch gewinnen, dass sie sich von familiärem Zwang und Druck befreiten und konsequent ihre eigenen Wege gingen. Die Familiengemeinschaft ist dem Leben der Vogeleltern mit ihren Jungen in einem Nest vergleichbar. Irgendwann lockt der Ruf der Freiheit und der Weite. Die jungen Vögel verlassen das Nest und fliegen in die Weite des Himmels. Die Eltern hindern sie keinesfalls daran. Das Wunderbare bei uns Menschen ist, dass Kinder in der Regel gerne zurückkehren, wenn man ihnen zunächst Geborgenheit schenkt und später dann ihre Freiheit lässt. Wem Freiheit verweigert wird, der nimmt sie sich irgendwann.

Wir sehen dies zur Zeit in Nordafrika und in Syrien. Wir können es an allen Befreiungsbewegungen der Menschheitsgeschichte beobachten.

Hätte Jesus sich damals nicht von den Fesseln seiner Familie befreit, wären wir wohl heute nicht als seine Schwestern und Brüder im Glauben hier versammelt, denn womöglich gäbe es dann keine christliche Kirche auf Erden. Wäre Franz von Assisi, wie sein Vater, ein reicher Kaufmann geworden, könnten Jung und Alt nicht mit den Worten seines Sonnengesanges noch heute begeistert „Laudato si" (EG 515) in unseren Kirchen singen. Hätte Martin Luther dem Willen seines Vaters gehorcht, gäbe es die Kirchen der Reformation in ihrer heutigen Gestalt nicht.

Wie sieht es mit Befreiungsbewegungen in *Ihrem* Leben aus? Wovon mussten Sie sich befreien, um die Frau, der Mann zu werden, so, wie Sie es heute sind? Oder steht Ihnen gerade ein Befreiungsprozess bevor? Jesus lädt uns mit seinen großen und weiten Gesten ein, den Pfaden der Freiheit der Kinder Gottes zu folgen, auch durch Spannungen hindurch und über Trennungen hinweg, mit einem großen Ziel vor Augen. Denn am Ende wird Leben in die Einheit des Reiches Gottes münden, wo alle Trennungen und Spaltungen aufgehoben sein werden. Diese Ewigkeitsperspektive kann uns bereits in dieser Welt dabei helfen, Trennungen zu überwinden und uns in einer neuen und höheren Einheit wiederzufinden. So nahmen auch Jesu Mutter Maria und sein Bruder Jakobus später eine bedeutende Stellung in der ersten christlichen Gemeinde ein. Maria und Jakobus hatten sich über Trennung und Brüche hinweg wieder mit Jesus aufs engste verbunden gefühlt. In einer höheren Einheit des Glaubens erkannten sie in dem auferstandenen Jesus, der vormals Sohn und Bruder gewesen war, den Messias ihres Volkes und den Heiland der Welt.

Diese Erkenntnis kann uns ermutigen, sowohl in unserem familiären Umfeld als auch in den größeren Gemeinschaften immer wieder neu nach Wegen der Verständigung und der Versöhnung zu suchen. Der Auferstandene steht mit weit ausgebreiteten Armen über seiner Menschheitsfamilie, um zu segnen und zu versöhnen. Er schenkt uns die große Freiheit der Kinder Gottes. Wir sind frei, zu bleiben, zu gehen und uns zu verändern. Wir haben aber auch die Freiheit, zurückzukehren, uns mit anderen wieder zu verständigen und zu versöhnen. Amen

Erstes Abendmahl

14. Sonntag nach Trinitatis, 5. September 2010

Liebe Gemeinde,

heute nehmen die Konfirmandinnen und Konfirmanden unserer Gemeinde das erste Mal an der Feier des Abendmahls teil. Welche Bedeutung hat das Abendmahl? Ihr, liebe Konfirmandinnen und Konfirmanden, habt auf diese Frage geantwortet: *„Eine besondere Verbindung zu Jesus haben - den Glauben an Gott teilen - Gott näher sein - Gemeinsamkeit und friedliche Einigkeit erleben - seinen Glauben zeigen - ein heiliges Ritual, das es schon seit Jahrhunderten gibt."*

Stellt euch vor, wir könnten eine Menschenkette mit allen Menschen bilden, die jemals in dieser Kirche in den Jahrhunderten ihres Bestehens Abendmahl gefeiert haben. Diese Menschenkette wäre gewiss länger als tausend Kilometer. Sie würde sich durch ganz Deutschland ziehen, bis in die Alpen hinein oder noch darüber hinweg, vielleicht bis nach Rom. Das Abendmahl ist seit fast zweitausend Jahren ein „heiliges Ritual", seit etwa siebenhundert Jahren wird es regelmäßig auch in unserer St. Johanniskirche begangen. Wir feiern Abendmahl jedoch nicht, weil es so alt ist. Es ist vielmehr so alt geworden und heute noch lebendig und wirkungsvoll, weil es eine große Bedeutung für unseren christlichen Glauben hat. Jesus hat gesagt: „Feiert es zu meinem Gedächtnis!"

Wenn wir Brot und Wein oder Traubensaft in seinem Namen teilen, verbinden wir uns auf besondere Weise mit ihm und er sich mit uns. Ihr habt weiter festgehalten, liebe Konfirmandinnen und Konfirmanden: *„Wir teilen den Glauben an Gott. Abendmahl feiern wir immer in einer Gemeinschaft. Sie kann klein sein, aus zwei oder drei Menschen bestehen oder sehr groß sein. Gemeinsam sind wir dann Gott und einander spürbar näher." „Gemeinsamkeit und friedliche Einigkeit"* fügte jemand hinzu. Bei einer Abendmahlsfeier herrscht Frieden. Aus diesem Grund reichen wir uns vor dem Abendmahl gegenseitig die Hand zum Friedensgruß und sagen einander: „Friede sei mit dir!" *„Seinen Glauben zeigen"* kam in euren Antworten mehrfach vor. Wir zeigen und bekennen unseren Glauben in jedem Gottesdienst. Doch bei der Feier des Abendmahls zeigt sich noch mehr als Worte sagen können. Als Konfirmand gewann ich den Eindruck, dass eine Abendmahlsfeier viele Menschen gefühlsmäßig sehr bewegt. Die Trauernden, sie gingen damals noch in schwarzer Kleidung zum Altar, hatten zumeist Tränen in den Augen, wenn sie Brot und Wein empfingen. Sie gingen dann ohne Tränen wieder an ihren Platz in der Kirche zurück. Die enge Gemeinschaft vor dem Altar und die Nähe Jesu in Brot und Wein hatten sie getröstet und gestärkt.

Ich erinnere mich gern an fröhliche und lebendige Abendmahlsfeiern mit Jugendlichen, an neue Kirchenlieder, an Essen und Trinken am festlich gedeckten Tisch im Gemeindesaal, an geheimnisvolle Abendmahlsfeiern in der Osternacht und sehr große Abendmahlsgemeinschaften bei den Kirchentagen oder in Taizé in Frankreich.

An die Teilnahme bei Abendmahlsfeiern muss man sich gewöhnen, vieles scheint zunächst fremd und ungewohnt. Vielleicht spürt ihr heute noch wenig von der Gemeinschaft mit Jesus, weil ihr durch Äußerlichkeiten zu sehr abgelenkt werdet, liebe Konfirmandinnen und Konfirmanden. Aber habt ruhig den Mut, bis zur Konfirmation an unterschiedlichen Abendmahlsfeiern teilzunehmen. Ihr werdet jedes Mal etwas Neues dabei entdecken. Ich empfinde es immer als besonders festlich, wenn Brot und Wein ausgeteilt werden und dazu ein Chor singt oder die Orgel spielt. Dann spüre ich einen Hauch des Reiches Gottes. Jesus hat gesagt: „Das Reich Gottes ist mitten unter euch!" (Lukas 17,21) Er hat auch gesagt: „Wo zwei oder drei versammelt sind in meinem Namen, da bin ich mitten unter ihnen!" (Matthäus 18,20) Diese Nähe Jesu hat tröstende, stärkende und auch heilende Kraft. Von dieser heilenden Kraft Jesu haben wir im Evangelium gehört. (Lukas 17,11-19) Zehn Aussätzige wurden durch sein Gebet geheilt. Sie hatten Jesus zuvor um Hilfe gebeten. Er sah ihre Not und erhörte ihre Bitten. Sie wurden wieder gesund. Doch nur einer kehrte um und bedankte sich bei Jesus. Wenn wir Gott um etwas bitten und er erhört unser Gebet, dann sollten wir ihm auch dafür danken.

Dies hat leider nur einer der zehn Geheilten beherzigt und nur zu ihm konnte Jesus sagen: „Steh auf, geh hin; dein Glaube hat dir geholfen!" Glaube kann jederzeit helfen, weil Gottes Hilfe jeder Zeit gleich nahe ist. Ein Glaube, der fest mit Gott rechnet, verrechnet sich nicht. Am Ende gehen auf wunderbare Weise sogar noch manche Ungleichungen im Leben auf. Bei der Feier des Abendmahls gewinnt Gottes helfende Wundermacht Gestalt unter uns, von Mahl zu Mahl mehr! Amen

Danken und denken

Erntedankfest, 2. Oktober 2011

Liebe Gemeinde,

danken und denken sind eng miteinander verwandt, beide Worte unterscheidet nur ein Buchstabe. Das Erntedankfest lädt uns ein, darüber nachzudenken, wofür wir eigentlich dankbar sind. Denn vieles nehmen wir im Alltag selbstverständlich und gedankenlos hin. Zum Denken werden wir spätestens dann gezwungen, wenn es Probleme gibt, die wir lösen müssen. Läuft etwas nicht so, wie wir es uns vorstellen, beginnen wir zu jammern, zu klagen und uns bei anderen zu beschweren. Das schnell wachsende Gestrüpp der Klage überwuchert dabei die Pfade der Freude, des Staunens und der Dankbarkeit.

Die Erntefrüchte neben dem Altar sind Hinweiszeichen auf Ernteglück und Dankbarkeit. Niemand kann sich, vor dem Computer sitzend, aus dem Internet ernähren oder sich virtuell in einem Restaurant an einem Monitor-Buffet bedienen und davon satt werden. Wir leben noch immer von der Frucht der Erde, Tag für Tag, seit Menschengedenken. *Wir* haben satt zu essen, während in den Elendsgebieten der Welt Menschen vor Hunger sterben. Dies fordert nach dem Danken unser Denken heraus. Wir müssen beständig über das nachdenken, was in der *einen* Welt geschieht. Wir sind als Menschheit untrennbar untereinander vernetzt und miteinander verwoben. Wir gehören zusammen, so unterschiedlich wir auch in den Ländern und Völkern dieser Erde sein mögen. Denke, Mensch, denk darüber nach, was heute weltweit geschieht und bring dich persönlich ein in die zukünftige Entwicklung und Gestaltung dieser Welt!

Wir haben heute von den Konfirmandinnen und Konfirmanden Wissenswertes über die Kartoffel gehört. Wollten wir uns über alle Früchte informieren, die am Altar liegen, würde dazu die Zeit unseres Gottesdienstes nicht ausreichen. Wollten wir dann auch noch über die Probleme der weltweiten Landwirtschaft diskutieren, über gerechtere Verteilung von Ackerland und dessen Erträgen, so wäre der heutige Tag zu kurz dafür. Aber wir *müssen* denken, nachdenken, umdenken, wenn wir eine lebenswerte Zukunft für kommende Generationen erhalten wollen. Es gibt eine gemeinsame Erklärung zum Erntedankfest 2011 vom Deutschen Bauernverband, dem Deutschen Landfrauenverband, dem Evangelischen Dienst auf dem Lande und der Katholischen Landvolkbewegung. Sie trägt die Überschrift „Tafeln wie die Könige". Wir sind in unserem Land reich beschenkt. Es wird aber auch auf die dunklen Seiten hingewiesen: Hungerkatastrophe in Ostafrika, Klima-Veränderungen, Katastrophen wie in Fukushima, die das Land verseuchen. Jedes Land der Erde braucht eine starke heimische Landwirtschaft.

Diese wird zur Zeit bedroht durch weltweite Spekulation auf fruchtbares Land und Ernteerträge. Es kann nicht sein, dass Menschen hungern, weil andere aus Geldgier mit Land und Ernteerträgen verantwortungslos spekulieren. Ernte-dank! bedeutet gleichzeitig Ernte-denk! und daraus folgernd Einsatz für weltweite Gerechtigkeit in der landwirtschaftlichen Produktion und Verteilung. Fairer Handel weltweit muss in Zukunft zur Selbstverständlichkeit werden.

Wir haben gehört, dass die Mutterknolle sterben muss, damit neue Kartoffeln wachsen können. Ebenso verhält es sich mit dem Korn, das in die Erde gesät wird. Es vergeht und verwandelt sich dabei in die Kraft, vielen Körnern neues Leben zu schenken. Jesus hat gesagt: „Wenn das Weizenkorn nicht in die Erde fällt und erstirbt, bleibt es allein; wenn es aber erstirbt, bringt es viel Frucht.“ (Joh. 12,24) Wesen und Wirken Jesu waren von Hingabe erfüllt, Hingabe an Gott, an Menschen, an das Leben auf dieser Erde, der kostbaren und geliebten Schöpfung Gottes. Jesu Hingabe vollendete sich in seinem Tod. Wir feiern diese Hingabe mit dem Abendmahl. Brot, aus dem Mehl unzähliger gemahlener Körner gebacken, lebt von der Hingabe der Körner für unsere Ernährung. Wein, aus vielen einzelnen Trauben gekeltert, ist Zeichen dafür, dass Hingabe mehr schenken kann als wir unbedingt zum Leben benötigen. Denn Rebensaft und Wein dienen der Lebens- und Festfreude, die Trauben geben sich dafür hin.

So feiern wir heute Erntedank-*Fest*, weil wir uns *freuen.* Wir freuen uns über die Ernte, haben Freude an dem, was Gott uns zum Leben schenkt. Wir freuen uns auch über das Geschenk des Glaubens und die Feier dieses Glaubens im Gottesdienst. Wir dürfen uns freuen über die Gemeinschaft mit Menschen in der Nähe und in der Ferne. Wir können uns auch darüber freuen, dass teilen und fair handeln bereits in ersten weltweiten Ansätzen gelingt. Dies sollte Ansporn für uns sein, Hingabe an Gott und an diese Welt zu wagen. Wer Hingabe verweigert, bleibt allein und stirbt einsam wie der reiche Kornbauer, von dem wir im Evangelium gehört haben. Wer aber bereit ist, sein Leben, seine Lebens- und Einsatzkraft für andere hinzugeben, wächst hinein in eine Erfüllung ungeahnten Ausmaßes. Amen

Komm heraus!

16. Sonntag nach Trinitatis, 9. Oktober 2011

„Die Güte des Herrn ist's, dass wir nicht gar aus sind, seine Barmherzigkeit hat noch kein Ende, sondern sie ist alle Morgen neu, und deine Treue ist groß. Der Herr ist mein Teil, spricht meine Seele; darum will ich auf ihn hoffen. Denn der Herr ist freundlich dem, der auf ihn harrt, und dem Menschen, der nach ihm fragt. Es ist ein köstlich Ding, geduldig sein und auf die Hilfe des Herrn hoffen. Denn der Herr verstößt nicht ewig; sondern er betrübt wohl und erbarmt sich wieder nach seiner großen Güte."
Klagelieder 3, 22-26.31-32

Liebe Gemeinde,
in diesen wenigen Versen ballt sich menschliche Erfahrung auf engstem Raum. Wer auf Gottes Hilfe hoffen muss, ist zumeist in großer Not und spürt in dieser Not wenig oder gar nichts mehr von Beistand und Güte Gottes. In Not haben viele Menschen das Gefühl, von Gott verlassen oder gar verstoßen zu sein. Es gibt also nicht nur von Menschen vernachlässigte Kinder, sondern auch vernachlässigte Kinder Gottes. „Gott betrübt wohl", drei Worte, hinter denen sich unendlich viel menschliches Leid verbergen kann. Zwischen Gott, der Menschen betrübt und Gott, der sich nach seiner großen Güte wieder erbarmt, liegen tiefe Abgründe; über weite Strecken hin scheint keine Brücke von der einen zur anderen Seite zu führen. Weil dies so ist, gibt es Klagelieder. Wenn Gottes Hilfe der Not immer auf dem Fuße folgen würde, bräuchten wir uns nicht bei ihm zu beklagen. Das Schmerzhafte sind ja die Zwischenräume, die weiten und wüsten Ebenen zwischen Not und Hilfe, Traurigkeit und Trost, Unglück und Glück, Freud und Leid. Im Evangelium haben wir von Krankheit, Tod und Auferweckung des Lazarus gehört. (Johannes 11) Einer Anregung folgend, habe ich einige Verse aus den Klageliedern neben Zeilen aus dem Bericht über das Schicksal von Lazarus und seinen Schwestern Maria und Marta gestellt. [1]
„Die Güte des Herrn ist's, dass wir nicht gar aus sind." - „Es lag einer krank, Lazarus aus Betanien." Krankheit bedeutet Krise, Zeit der Entscheidung, manchmal sogar über Leben und Tod. Die Hoffnung auf Besserung ist wie ein Motor, der uns antreibt in Richtung Gesundheit. Wenn Besserung einsetzt, sind wir gern bereit, der Güte Gottes neu zu vertrauen. Was geschieht aber, wenn es keine Besserung gibt, sondern immer weiter bergab geht? Die Hoffnung stirbt zuletzt, so sagt man.

[1] Ulrike Suhr, Predigtstudien 2010/2011, Perikopenreihe III, Zweiter Halbband, Freiburg 2010, S. 203ff

„Seine Barmherzigkeit hat noch kein Ende." - „Herr, siehe, der, den du lieb hast, liegt krank." Gott, hast du uns denn nicht alle lieb? Dann tu endlich etwas, lass es wieder besser werden! „Der Herr ist mein Teil, spricht meine Seele; darum will ich auf ihn hoffen." Ja, Gott, du bist ein Teil von uns, weil wir deine Geschöpfe sind. Viele Menschen vergessen es oder können nicht daran glauben. Sie unterdrücken Gott in sich selbst. Vernachlässigung und Unterdrückung Gottes helfen jedoch nicht weiter. Warum nicht zulassen, dass Gott Teil von uns und wir Teil von ihm sind?
„Jesus aber hatte Marta lieb und ihre Schwester und Lazarus." - „Kennt auch dich und hat dich lieb!" (EG 511,3) So lass Gott in deiner Seele und in deinem Leben zu, lass ihn zum Zuge kommen mit seiner Hilfe! Klage in der Not kann neuen Zugang zu Gott öffnen. Zeiten der Not können wie ein enger Geburtskanal zu neuer Gotteserfahrung leiten. Not lehrt nicht nur beten, sondern sie kann auch dabei Hilfe leisten, Gott neu in uns zu gebären. Dies mag eine ungewohnte Vorstellung sein. Sie eröffnet jedoch neue Lebensperspektiven, sogar über den Tod eines Menschen hinaus. „Denn der Herr ist freundlich dem, der auf ihn harrt, und dem Menschen, der nach ihm fragt." - „Harre, meine Seele, harre des Herrn; alles ihm befehle, hilft er doch so gern! Sei unverzagt, bald der Morgen tagt, und ein neuer Frühling folgt dem Winter nach. In allen Stürmen, in aller Not wird er dich beschirmen, der treue Gott." (EG 593,1) Diesen Choral hat gestern der Turmbläser von unserem Kirchturm aus über der Stadt erklingen lassen.
Harren ist ein zähes Warten auf Gott, kann auch ein Ringen mit ihm sein, ein Fragen, Klagen und Zweifeln, das bis zum Kampf mit der dunklen und unverständlichen Seite Gottes führen mag. Harren ist seelische Schwerarbeit, doch wer harrt, ist nicht allein, weil er mit einem lebendigen Gegenüber rechnen kann. „Da sprach Marta zu Jesus: Herr, wärst du hier gewesen, mein Bruder wäre nicht gestorben." Wohl dem, der in der Zeit der Trauer ein hilfreiches Gegenüber hat. „Denn der Herr verstößt nicht ewig; sondern er betrübt wohl und erbarmt sich wieder nach seiner Güte. Denn nicht von Herzen plagt und betrübt er die Menschen." Plage und Trübsal gehören zu unserem Leben, ob wir wollen oder nicht, uns dagegen auflehnen oder unserem Schicksal ergeben. Es bleibt ein beständiger Wechsel von Licht und Schatten über dem Schicksalsfluss unseres Lebens. Wir haben dieses Wechselspiel nicht selbst ersonnen. Deswegen wendet Gott unseren Kopf und unsere Sinne immer wieder behutsam in Richtung Licht und Hoffnung, auch wenn wir noch weiterhin starr und wie gebannt auf das Dunkel starren. Selbst im Angesicht des Todes gibt es noch eine Stimme, die weit über das Ende hinausreicht.
„Jesus spricht zu ihr: Ich bin die Auferstehung und das Leben.

Wer an mich glaubt, der wird leben, auch wenn er stirbt; und wer da lebt und glaubt an mich, der wird nimmermehr sterben. Glaubst du das?" Martas Antwort war eindeutig: „Ja, Herr, ich glaube, dass du der Christus bist, der Sohn Gottes, der in die Welt gekommen ist." Er ist gekommen, um Leben und Licht zu bringen. Christus ist Lichtträger in Weltennacht und im Dunkel menschlicher Seelen. „Da hoben sie den Stein weg," so wie auch dann und wann uns ein Stein von der Seele fällt und wir wie Jesus dankbar sagen können: „Vater, ich danke dir, dass du mich erhört hast!" Darauf folgt, was Jesus weit über sein Menschsein hinaushebt, ihn als wahren Gott offenbart, Gott von Gott, Licht von Licht. Er rief mit lauter Stimme: „Lazarus, komm heraus!" Der verstorbene Lazarus kam heraus, noch gebunden mit Grabtüchern, die erst nach und nach von ihm abfielen, wie die Haut einer Schlange bei der Häutung. Viele, die dieses Wunder der Auferweckung des Lazarus damals miterleben durften, glaubten an Jesus. Möglicherweise sang einer von ihnen auf dem Heimweg die ihm bereits damals vertrauten Verse aus Psalm 68:
„Die Gerechten aber freuen sich und sind fröhlich vor Gott und freuen sich von Herzen. Singet Gott, lobsinget seinem Namen! Ein Vater der Waisen und ein Helfer der Witwen ist Gott in seiner heiligen Wohnung, ein Gott, der die Einsamen nach Hause bringt, der die Gefangenen herausführt, dass es ihnen wohlgehe. Gelobt sei der Herr täglich. Gott legt uns eine Last auf, aber er hilft uns auch. Wir haben einen Gott, der da hilft, und den Herrn, der vom Tode errettet." Amen

Herr der Lage
Drittletzter Sonntag des Kirchenjahres, 7. November 2010

„Unser keiner lebt sich selber, und keiner stirbt sich selber. Leben wir, so leben wir dem Herrn; sterben wir, so sterben wir dem Herrn. Darum: wir leben oder sterben, so sind wir des Herrn. Denn dazu ist Christus gestorben und wieder lebendig geworden, dass er über Tote und Lebende Herr sei." Römer 14, 7-9

Liebe Gemeinde,
es ist oft wichtig, Herr der Lage zu sein. Zur Zeit gilt dies für alle, die mit dem Castor-Transport befasst sind, seien es Polizisten, Demonstranten, Konfliktlotsen oder weitere Beteiligte. Gefährlich wird es immer dann, wenn man nicht mehr Herr der Lage ist.

Alle Einsatzkräfte wissen davon ein Lied zu singen: Rettungskräfte, Feuerwehr und Polizei. Immer wieder neu stehen sie vor einer unübersichtlichen Lage, wenn sie zu Hilfe gerufen werden. Möglichst schnell muss dann zunächst die Lage erfasst werden, damit wirksame Hilfsmaßnahmen eingeleitet werden können. Wer außer sich ist, sei es vor Ärger, Aufregung oder Verzweiflung, ist nicht mehr Herr der Lage, weil er nicht mehr Herr seiner selbst ist. Unsere Sprache ist sehr aufschlussreich, wenn es heißt, dass jemand *außer sich* ist. Wer außer sich ist, reagiert unkontrolliert und unberechenbar. Oft erkennen wir erst im Nachhinein, was wir eigentlich gesagt oder angerichtet haben, als wir außer uns waren. Dann ist es an uns, Scherben aufzusammeln, uns zu entschuldigen oder traurig festzustellen, dass zerstört wurde, was nicht so leicht wieder zu reparieren ist.

Wenn ich bei handwerklichen Arbeiten außer mir bin vor Ärger darüber, dass etwas nicht gelingt, dann müsste ich eigentlich sofort die Arbeit einstellen, damit nicht größerer Schaden entsteht. Mit mehr Abstand, Ruhe und dem Gefühl, wieder ganz bei mir zu sein, kann es erstaunlich gut weitergehen. Vermag ich es immer noch nicht selbst, dann lasse ich die Arbeit ruhen, hole mir Rat oder übergebe sie einem Fachmann oder einer Fachfrau. Es ist wichtig, bei sich selbst zu sein und möglichst in der eigenen Mitte zu bleiben. Jetzt kommt aber der Apostel Paulus heute vorbei und sagt uns: „Keiner lebt sich selber. Leben wir, so leben wir dem Herrn." Wie verhält sich das zu der Erkenntnis, dass wir zutiefst wir selbst sein müssen, um dieses Leben angemessen und umsichtig zu bestehen? Wer glaubt, kann sein Selbst nicht wie einen Mantel an die Garderobe hängen. Ich habe ausreichend Super-Fromme erlebt, die den Herrn ständig vor sich her tragen, aber von sich selbst recht wenig Ahnung haben.

Menschen dieser Art können gefährlich sein, wenn sie zu religiösen Eiferern und Fanatikern werden. Der fromme Christ auf Kreuzzug oder bei Koran-Verbrennung, der islamische Fundamentalist mit Sprengstoffgürtel, sie haben ein gestörtes Selbst und ein falsches Gottesbild. „Leben wir dem Herrn" kann nicht heißen, dass wir Selbsterkenntnis vernachlässigen sollten. Denn Gott hat unser Selbst, unsere Identität, unsere Persönlichkeit geschaffen. Wir sind sein Kunstwerk, seine Geistwerk-Kunst. Im Licht seiner Schöpfermacht können wir uns als seine wunderbaren Geschöpfe erkennen. Doch wer auf dem Weg der Erkenntnis unbeirrt fortschreitet, lernt auch immer genauer die Schwachstellen des Lebens kennen, sowohl die vielen Gefahren dieser Welt als auch die Schattenseiten seines Selbst, namentlich das Dunkle, Böse, Unberechenbare, Feige, Schwache und Ängstliche. Schonungslose Selbsterkenntnis muss sich der Tatsache stellen, dass kein Ich sich, allein auf sich gestellt, nur selber leben kann. Wir sind alle in das große Netzwerk des Lebens eingebunden.

Wir sind stets abhängig von etwas, sei es von der Luft, die wir atmen, der Nahrung, die wir zu uns nehmen, der Arbeit anderer für uns, von den Werken unserer Vorfahren, der Liebe anderer und ihrer Hilfe. Menschsein bedeutet, abhängig zu sein, von der Nabelschnur bis zum Bestatter, denn keiner gebiert sich selber und keiner beerdigt sich selber. Ein Atheist mag daraus die Konsequenz ziehen, dass wir Zufallsprodukte sind, die mit dem Tod spurlos wieder verschwinden. Doch was macht der Christ? Er sagt: „Keiner lebt sich selber und keiner stirbt sich selber. Leben wir, so leben wir dem Herrn, sterben wir, so sterben wir dem Herrn. Darum: wir leben oder sterben, so sind wir des Herrn." Leben wir als Christen, so leben wir *mit* dem Herrn. Wir leben mit dem Herrn, wenn wir Herr unser selbst und Herr der Lage sind. Dann können wir ihm danken und uns freuen, dass wir in unserer Mitte sind, wie Gott es vorgesehen hat. Sind wir jedoch nicht in, sondern außer uns, sind nicht mehr Herr unser selbst und auch nicht Herr der Lage, so sind wir dennoch nicht allein, wie die Jünger Jesu mitten im Sturm. Sie sind aufgeregt, haben Todesangst, sind vor Panik ganz außer sich. Sie rufen Jesus zu: „Herr, hilf uns!" Doch Jesus schläft. Er ist ganz in seiner Mitte, ruht mitten im Sturm in sich selbst und in Gott. Aus tiefer innerer Ruhe und einem gelassenen Gottvertrauen heraus stillt er die außer Rand und Band geratenen Kräfte der Natur. Jesus stellt Ruhe und Gottvertrauen dem Sturm entgegen und der Wind legt sich, die Gefahr ist gebannt. Mit dieser Haltung Jesu würden auch wir viele Stürme im Leben besser überstehen. Wir schaffen es aber nicht immer, vielleicht auch nie. Dann schenkt uns der Glaube die Gewissheit, dass wir nicht allein sind. Wir leben mit dem Herrn. Wir stehen in seinem Wirkungsbereich. Wir befinden uns in seinem Kraftfeld der Sturmstillung, der Nervenberuhigung, der Erlösungsmacht vom Bösen und Widerwärtigen. „Denn dazu ist Christus gestorben", hat selbst das Böse, Abgründige, Widerwärtige, Gemeine und Tödliche auf sich genommen, um immer noch glaubwürdig und wirksam bei uns sein zu können, wenn es uns trifft.
„Dazu ist Christus wieder lebendig geworden", uns einzuprägen, dass die Macht des Lebens stärker ist als jede zerstörerische Todesgewalt im Himmel und auf Erden. „Mit dem Herrn leben" bedeutet, mit dem Sieger zu leben, ohne Gott leben zu wollen, demzufolge auf Niederlage zu setzen. Christus ist mitten unter uns. Wir können uns auf seine Gegenwart verlassen. Er ist auch dann noch in uns, wenn wir außer uns sind. Er steht uns treu zur Seite bei unserer Suche nach Selbstfindung und Selbstwerdung mit all den Schwierigkeiten, die damit verbunden sind. Gottes lebendiger Geist verbindet uns auch mit anderen, die auf ihren Lebenswegen mit vielfältigen Suchbewegungen des Glaubens unterwegs sind. Auch wenn unsere Suche bisweilen in unübersichtliches Gelände führt, dürfen wir darauf vertrauen: Unser Herr bleibt immer Herr der Lage! Amen

Weltgerichts-Konto

Vorletzter Sonntag des Kirchenjahres, 15. November 2009

„Jesus sprach zu seinen Jüngern: „Wenn der Menschensohn kommen wird in seiner Herrlichkeit, und alle Engel mit ihm, dann wird er sitzen auf dem Thron seiner Herrlichkeit, und alle Völker werden vor ihm versammelt werden. Und er wird sie voneinander scheiden, wie ein Hirte die Schafe von den Böcken scheidet, und wird die Schafe zu seiner Rechten stellen und die Böcke zur Linken. Da wird dann der König sagen zu denen zu seiner Rechten: Kommt her, ihr Gesegneten meines Vaters, ererbt das Reich, das euch bereitet ist von Anbeginn der Welt! Denn ich bin hungrig gewesen, und ihr habt mir zu essen gegeben. Ich bin durstig gewesen, und ihr habt mir zu trinken gegeben. Ich bin ein Fremder gewesen, und ihr habt mich aufgenommen. Ich bin nackt gewesen, und ihr habt mich gekleidet. Ich bin krank gewesen, und ihr habt mich besucht. Ich bin im Gefängnis gewesen, und ihr seid zu mir gekommen. Dann werden ihm die Gerechten antworten und sagen: Herr, wann haben wir dich hungrig gesehen und dir zu essen gegeben? oder durstig und haben dir zu trinken gegeben? Wann haben wir dich als Fremden gesehen und haben dich aufgenommen? oder nackt und haben dich gekleidet? Wann haben wir dich krank oder im Gefängnis gesehen und sind zu dir gekommen? Und der König wird antworten und zu ihnen sagen: Wahrlich, ich sage euch: Was ihr getan habt einem von diesen meinen geringsten Brüdern, das habt ihr mir getan.

Dann wird er auch sagen zu denen zur Linken: Geht weg von mir, ihr Verfluchten, in das ewige Feuer, das bereitet ist dem Teufel und seinen Engeln! Denn ich bin hungrig gewesen, und ihr habt mir nicht zu essen gegeben. Ich bin durstig gewesen, und ihr habt mir nicht zu trinken gegeben. Ich bin ein Fremder gewesen, und ihr habt mich nicht aufgenommen. Ich bin nackt gewesen, und ihr habt mich nicht gekleidet. Ich bin krank und im Gefängnis gewesen, und ihr habt mich nicht besucht. Dann werden sie ihm auch antworten und sagen: Herr, wann haben wir dich hungrig oder durstig gesehen oder als Fremden oder nackt oder krank oder im Gefängnis und haben dir nicht gedient? Dann wird er ihnen antworten und sagen: Wahrlich, ich sage euch: Was ihr nicht getan habt einem von diesen Geringsten, das habt ihr mir auch nicht getan. Und sie werden hingehen: diese zur ewigen Strafe, aber die Gerechten in das ewige Leben.“ Matthäus 25, 31-46

Liebe Gemeinde,

haben Sie schon einmal über den Stand Ihres Weltgerichts-Kontos nachgedacht? Hungrige gespeist, Durstigen etwas zu trinken gegeben, Fremde aufgenommen, Nackte bekleidet, Kranke besucht, Gefangene betreut, wie oft haben *Sie* diese Werke der Barmherzigkeit getan? Weist Ihr persönliches Diakonie-Konto ein Plus oder ein Minus auf? Hungrige nicht gespeist, Durstigen nichts zu trinken gegeben, vor Fremden die Tür verschlossen, Nackte in der Kälte frieren lassen, Kranke nicht besucht, Gefangene sich selbst überlassen; wie viele Unterlassungssünden haben Sie begangen? Das Weltgericht des Menschensohnes, wie Matthäus es beschreibt, erzeugt Angst, setzt unter Druck und erzeugt Handlungszwang. Minus oder Plus, werde ich vor dem Weltenrichter bestehen können? Bin ich Schaf und komme zur Rechten zu stehen? Wird der König mir sagen: „Komm her, du Gesegneter meines Vaters, ererbe das Reich?"

Oder gehöre ich auf die linke Seite der Böcke, zu den Bockigen, den Barmherzigkeitsverweigerern? Ihnen wird auf unbarmherzige Weise entgegengehalten: „Geht weg von mir, ihr Verfluchten, in das ewige Feuer, das bereitet ist dem Teufel und seinen Engeln!" Ewige Strafe den Bösen, ewiges Leben den Guten, wird es am Ende wirklich so ausgehen? Helfen uns Angst und Druck, um auf die richtige Seite zu gelangen? Für mich hat das Gleichnis vom Weltgericht eine pädagogische, Menschen erziehende Funktion. Erziehung verlangt nach Liebe und Verständnis, erfordert aber auch Konsequenz und ein Setzen von Grenzen. Wenn ich den Konfirmanden nicht wöchentlich im Unterricht Grenzen setze, bin ich schnell in einem lauten Durcheinander verloren. Wenn aus dem, was ich sage, keine Konsequenzen folgen, werde ich von ihnen nicht ernst genommen. Doch wer liebevoll *und* konsequent zugleich ist, kann immer wieder Wunder der Verhaltensänderung erleben.

Zurück zu Matthäus und zum Weltgericht. Unter der harten Weltgerichts-Schale spüre ich einen weichen Kern. Der Weltenrichter möchte die Menschen auf den Pfad der Barmherzigkeit und der Liebe führen. Es soll eine *tätige Liebe* sein, welche die Nöte und Sorgen der anderen wahrnimmt und versucht, ihnen beizustehen und zu helfen. Eine allein im Gefühl wahrgenommene Liebe nützt wenig, wenn sie nicht mit notwendenden und helfenden Taten verbunden ist. Matthäus führt Beispiele für Barmherzigkeit und tatkräftige Nächstenliebe an. Auch wir könnten Berichte zusammenstellen, die davon erzählen, wie Menschen einander heutzutage wirkungsvoll helfen. Trotz leuchtender Vorbilder und einleuchtender Beispiele folgen jedoch viele Menschen den Wegen der Barmherzigkeit nicht. Es gibt auch dafür erschreckende und erschütternde Beispiele. Heute ist Volkstrauertag, dem Gedenken der Opfer von Krieg und Gewalt gewidmet.

Opfer, die durch *andere Menschen* zu Opfern wurden und nicht durch unvermeidliche Naturkatastrophen oder Krankheiten. Wo Opfer sind, sind auch Täter. Viele von ihnen haben Gräueltaten verübt, die unser Vorstellungsvermögen weit übersteigen. Wie sähe denn *unser* Weltgericht aus, wenn *wir* auf einem himmlischen Thron zu Gericht sitzen könnten? Würden wir zu Tätern *und* Opfern sagen: „Versöhnt euch wieder und alles ist gut?“ Oder hätten wir nicht, wie der biblische Weltenrichter auf seinem Thron, ein starkes Verlangen, den Verbrechern entgegen zu schleudern: „Geht weg ihr Verfluchten, geht in das ewige Feuer!“

Erziehung muss Grenzen setzen, die göttliche Erziehung des Menschengeschlechtes muss dies ebenfalls tun. Gott zeigt uns deutlich Wege auf, die zu einem Leben nach seinen Vorstellungen führen. Die kürzeste Formel dazu hat Jesus uns eingeprägt, der dabei in guter jüdischer Tradition steht: „Gott lieben über alles und seinen Nächsten wie sich selbst!“ Wir haben Frei- und Spielräume, um diese Kurzformel der Gottes- und Nächstenliebe in unserem Leben umzusetzen. Gott steht nicht mit erhobenem Zeigefinger täglich hinter uns und sagt: „Tu jetzt dies und lass das!“ Aber er hat uns Grenzen gesetzt. Sie orientieren sich an den Zehn Geboten. Sie haben auch in unseren Gesetzbüchern ihren Niederschlag gefunden. Recht soll helfen, Grenzen zu erkennen, zu wahren und zu schützen. Denn der Mensch ist in seiner Freiheit Grenzgänger und auch Grenzüberschreiter. Gottes warnende Stimme sagt uns, wie die eines Hirten seinen Schafen: „Geht nicht zu weit hinaus, gewöhnt euch nicht an Grenzüberschreitungen, bleibt doch innerhalb euch gesetzter Grenzen!“

Andererseits hat Gott uns die Freiheit gegeben, Grenzen überschreiten zu können. Wo wären wir ohne die Pioniere der Menschheit, die tapfer Grenzen überwunden und sie mutig hinter sich gelassen haben? Gott sagt nur: „Am Ende wird alles noch einmal zur Sprache kommen. Das, was ihr getan und auch das, was ihr unterlassen habt, das Gute und das Böse, das Helle und das Dunkle.“ Weltgericht bedeutet für mich, dass nichts im Leben unbedeutend ist. Das Leben verlangt Achtsamkeit von uns. Wir sollen auf uns selbst, auf unsere Mitmenschen, auf die Tiere, die Natur, den Himmel und die Erde achten, alles ist miteinander verwoben wie die Fäden eines großen Teppichs. Niemand darf sich unachtsam in diesem kunstvollen Gebilde des Lebens bewegen und gedankenlos vieles zerstören. Es wird vor Gott noch einmal zur Sprache kommen, wer wir in diesem Leben gewesen sind, wie wir gelebt, was wir getan oder eben auch unterlassen haben.

Matthäus macht uns Angst, er setzt uns aus pädagogischen Gründen unter Druck. Er möchte, dass Menschen nach den Maßstäben Jesu leben, so wie er sie in seiner Bergpredigt aufgezeichnet hat. Matthäus ist der Weg der „besseren Gerechtigkeit" der Christen ein Herzensanliegen. Wir müssen jedoch darauf achten, dass daraus keine christliche Selbstgerechtigkeit erwächst oder Werke der Barmherzigkeit mit kalten Herzen getan werden, nur um den Forderungen Jesu zu genügen.

„Gott ist ein glühender Backofen voller Liebe", soll Martin Luther gesagt haben. Dieser Gott wünscht sich, dass jedes menschliche Herz ein Backöflein voller Liebe sei. Wenn wir die Wärme dieser Liebe in uns spüren, werden wir den richtigen Weg finden, anderen zu helfen und ihnen beizustehen, dann und wann es aber auch zu lassen, weil wir uns selbst schützen müssen. Ebenso werden wir aus tiefer Liebe dem Leben in seinen vielfältigen Formen mit Staunen, Dankbarkeit und Achtsamkeit begegnen. So werden wir frei und offen bleiben für die vielen Wege der Liebe. Wir brauchen vor einem Weltgericht keine Angst mehr zu haben. Denn durch die Risse in der rauen Schale des Gerichtes scheint das warme Licht des himmlischen Pädagogen, dessen Herz voller Liebe ist. Weil Gott uns liebt, setzt er uns Grenzen und mutet uns auch ein Weltgericht zu.

Wer jetzt noch Angst haben sollte, bei Gott im Minus zu stehen, der versuche nicht, sich mit Werken der Barmherzigkeit ins Plus zu arbeiten. So funktioniert es nicht. Gott will uns in seine Liebe hineinziehen. „Furcht ist nicht in der Liebe, sondern die vollkommene Liebe treibt die Furcht aus." (1.Joh. 4,17+18) Wer aus dieser Liebe lebt, steht bereits im Plus und dessen Konto kann auch so manches Minus verkraften. Wir müssen nicht perfekt sein, wir können nicht *alles* tun, niemand von uns kann diese Welt retten. Aber hier und dort, dann und wann kann es jedem von uns gelingen, einen Hungrigen zu speisen, Lebensdurst zu löschen, Fremde in Vertrautes zu begleiten, einer nackten Seele den Mantel der Liebe umzulegen, einen Kranken zu besuchen oder sogar ins Gefängnis zu gehen, sollten wir dort einmal gebraucht werden und noch so vieles andere mehr. Tun wir es und uns wird wärmer und freier ums Herz, dann sind wir auf dem richtigen Weg. Denn „Gott ist die Liebe und wer in der Liebe bleibt, der bleibt in Gott und Gott in ihm." (1.Joh. 4, 16) Es fühlt sich gut an, in dieser Liebe zu sein und zu bleiben, überfordert nicht, sondern hilft auf unserem Weg ins Plus, ins Meer der Liebe Gottes. Amen

Ich bin!

Ewigkeitssonntag, 20. November 2011

Liebe Gemeinde,

„Ich bin traurig." Dieses menschliche „Ich-bin-Wort" gehört zum Totengedenken dieser Tage. Ich bin traurig, nur drei Worte, hinter denen sich jedoch tiefe Gefühle verbergen. Es gibt eine wehmütige, milde Traurigkeit, eine Art Melancholie, die man auch ein wenig genießen kann. In einer solchen Stimmung höre ich gern das Brahms-Requiem, fühle mich von der Musik angerührt, getröstet und gestärkt. Dann gibt es aber auch Traurigkeit, die kaum in Worte zu fassen ist. Ist der Verlust eines geliebten Menschen noch nicht verwunden, spüren wir eine offene Wunde in uns, die nicht verheilen will. Diese Wunde schmerzt, wir sind untröstlich und es fließen Tränen. Lässt der Schmerz langsam nach, sind wir auch für Trost wieder empfänglicher.

Das heutige Totengedenken ist eine Gratwanderung. Wir bedenken unsere Vergänglichkeit, gedenken derer, die uns vorangegangen sind. Wir hören die Namen der Menschen, von denen wir in diesem Jahr in unserer Gemeinde Abschied genommen haben. Dabei können sich wieder Abgründe tiefer Trauer auftun. Gefühle werden wach, die bereits verdrängt worden waren, dunkle Schatten legen sich erneut auf die Seele. Im Kontrast dazu stehen Bilder, die in den Seitenkapellen unserer Kirche zu betrachten sind. Karin Schwendt, Mitglied unserer Kirchengemeinde und Lektorin, hat mit ihren Bildern einen „Weg des Wortes" gestaltet, einen Besinnungsweg mit den „Ich-bin-Worten" Jesu aus dem Johannesevangelium. Jedes einzelne dieser Worte lässt aufmerken, in diesen Tagen besonders die Traurigen und Einsamen. Trauer führt ins Dunkel und in die Nacht der Seele. „Ich bin das Licht der Welt", hallt es aus der Tiefe dieser Dunkelheit wider. „Ich bin das Licht der Welt; wer mir nachfolgt, wird nicht wandeln in der Finsternis, sondern wird das Licht des Lebens haben." (Joh. 8,12) Dieses Licht können wir nicht selbst zum Leuchten bringen, es erhält seine Leuchtkraft durch Christus. Es ist eine Frage des Glaubens, ob wir seinen Worten die Kraft zutrauen, Licht in unser Dunkel zu bringen. Viele Menschen finden zu diesem Glauben keinen Zugang mehr. Aus diesem Grund heißt es in einem weiteren „Ich-bin-Wort": „Ich bin die Tür; wer durch mich hineingeht, wird selig werden und wird ein- und ausgehen und Weide finden." (Joh. 10,9) Christliche Verkündigung bleibt Wegweisung zu dieser Tür und zu den Quellen des Glaubens. Hinter dieser Tür liegt eine Landschaft ganz anderer Art als unsere derzeitige Nebel-November-Feldmark.

Das dazugehörige Bild schenkt einen lichten Kontrast und ist Türöffner zur farbenfrohen Gnade Gottes. Wer diese Tür für sich entdeckt hat, begegnet in der Landschaft, die sich dahinter auftut, dem Hirten-Wesen Gottes. Es wurde liebevoll von Konfirmandinnen mit einhundert kleinen Schafen zu Füßen des guten Hirten auf grüner Weide gestaltet. Der 23. Psalm prägte Menschen das Hirtenbild Gottes ein, bevor Jesus seine Worte hinzufügte: „Ich bin der gute Hirte und kenne die Meinen, und die Meinen kennen mich, wie mich mein Vater kennt, und ich kenne den Vater. Und ich lasse mein Leben für die Schafe." (Joh. 10,14+15) Das Hirtenamt Jesu gipfelt in der Hingabe an seine Herde. Es wird durch seine Auferstehung universal in Kraft gesetzt. Jesus hatte zuvor mit einem weiteren „Ich-bin-Wort" auf die bleibende Kraft des wahren Lebens hingewiesen. Dieses Leben endet nicht an den Pforten des Todes. „Ich bin die Auferstehung und das Leben; wer an mich glaubt, wird leben, auch wenn er stirbt; und wer da lebt und glaubt an mich, wird nimmermehr sterben." (Joh. 11,25-26) Bei Trauerfeiern füge ich dem hinzu: „Mit diesen Worten Jesu im Herzen, die weit über unsere Vergänglichkeit und auch weit über unsere Vorstellungskraft hinausreichen, beten wir gemeinsam mit seinen Worte das Vaterunser." Damit öffnet sich für mich über jedem dunklen Grab ein lichter Weg. Er führt von der Finsternis des Grabes fort und leitet hinüber in himmlische Sphären, wie Karin Schwendt es in ihrem Bild zu dieser Aussage Jesu dargestellt hat.

Damit diese himmlische Welt stets geerdet und in unserem Leben fest verankert bleibt, hat Jesus uns das Abendmahl hinterlassen. Zwei „Ich-bin-Worte" sind Deutungshilfen für das Geheimnis der Gegenwart Jesu in Brot und Wein: „Ich bin das Brot des Lebens. Ich bin das lebendige Brot, das vom Himmel gekommen ist; wer von diesem Brot isst, wird leben in Ewigkeit." (Joh. 6,48-51) „Ich bin der Weinstock, ihr seid die Reben. Wer in mir bleibt und ich in ihm, bringt viel Frucht. Wenn ihr in mir bleibt und meine Worte in euch bleiben, werdet ihr bitten, was ihr wollt, und es wird euch geschehen." (Joh. 15,5-7) Die geheimnisvolle Gemeinschaft mit dem Auferstandenen schenkt uns die Geschehenskraft des unmöglich Erscheinenden. Zu diesem Unmöglichen gehört für zutiefst traurige Menschen die Vorstellung, dass sie jemals wieder unbeschwert froh sein könnten, ganz zu schweigen davon, dass es ihnen jemals wieder möglich sein könnte, die bunte Vielfalt des Lebens noch einmal zu genießen. Dies scheint in der ersten und so besonders schweren Zeit der Trauer völlig ausgeschlossen zu sein. Die Tür zur Lebensfreude ist verriegelt und sie bleibt es auch für lange Zeit oder gar für immer. Manche richten sich so fest in ihrer Traurigkeit ein, dass sie die Tür zum Leben irgendwann gar nicht mehr öffnen *wollen.* Sie bevorzugen ihre schwarz-weiß-graue Welt *hinter* dieser Tür.

Weil Leben aber weit mehr ist, hat Jesus seine machtvollen „Ich-bin-Worte“ gesprochen. Heute lässt er sie uns hören und zudem *sehen,* als lichte Kraft gegen düstere Traurigkeit und Farblosigkeit des Lebens. Nehmen Sie sich doch nach dem Gottesdienst noch ein wenig Zeit, die einzelnen Bilder zu betrachten. Was sie miteinander verbindet, sind Licht und leuchtende Farben, mitten in trüber Novemberstimmung *draußen* und Traurigkeit *drinnen*, tief im Herzen. Vereint möchten diese Bilder uns auf einen „Weg des Wortes“ führen, weil Jesus spricht: „Ich bin der *Weg* und die Wahrheit und das Leben!“ Wahrheit ist, dass Leben weitergeht, es geht über den Tod hinaus. Die Verstorbenen reichen uns heute ihre Hand und schließen in unseren Herzen einen Kreis bleibenden Lebens um die Schatten des Todes. So können wir beten:

„Jesus Christus, du hast Gottes Liebe wahr gemacht, Menschen getröstet, geheilt und auf den Weg gebracht. Manchmal zögern wir, den Weg mit dir zu gehen und sperren uns, deinen Kreuzweg auch als Lebenszeichen zu verstehen. Du sagst: „Ich bin der Weg, die Wahrheit und das Leben.“ Deine Wahrheit hat uns die Richtung vorgegeben. Daran sollen wir uns halten und sie gemeinsam auf dem Weg mit dir in deinem Geist gestalten.“ [1]
Amen

[1] Karin Schwendt, mit freundlicher Genehmigung der Autorin

Literaturverzeichnis

Die Bibel nach der Übersetzung Martin Luthers,
Bibeltext in der revidierten Fassung von 1984, Stuttgart 1991

Perikopenbuch, 5., veränderte Auflage, Hannover 1995

Bibel-Lexikon, Leipzig 1969

Predigtstudien 2010/2011, Perikopenreihe III, Zweiter Halbband, Freiburg 2010

Der andere Advent 2011/12, Andere Zeiten e.V., Hamburg 2011

Trost bei Goethe, 29.-34. Auflage, Wien – Leipzig 1937

Reiner Kunze gedichte, 2. Auflage, Frankfurt am Main 2003

Dorothee Sölle, Den Himmel erden.
Eine ökofeministische Annäherung an die Bibel, München 1996

Printed by Books on Demand GmbH, Norderstedt / Germany